ARKANA

Buch

Die Ursachen für eine problematische Beziehung liegen meist tiefer, als den Betroffenen bewusst ist. Es sind weit zurückreichende familiäre Bindungen und Identifikationen, die zu Problemen in der Partnerschaft führen und das Zusammenleben belasten. Ausgehend von Bert Hellingers Einsichten und seiner Form des Familien-Stellens legt der Therapeut Bertold Ulsamer dar, wie unbewusst übernommene Ordnungen sowohl die Partnerwahl steuern als auch das Verhalten im Kontext der Beziehung bestimmen. Anhand von Fallbeispielen aus seiner eigenen therapeutischen Praxis durchleuchtet er diese Negativmuster und zeigt Lösungswege auf, sie zu durchbrechen. Die Leser werden in die Lage versetzt, die Hintergründe eigener Schwierigkeiten zu erkennen, Trennungen zu meistern und in Beziehungskrisen zu wachsen.

Autor

Dr. Bertold Ulsamer ist promovierter Jurist und Diplompsychologe und seit 1978 in der therapeutischen Praxis tätig. Ausgebildet in Gesprächspsychotherapie, Psychodrama und NLP, arbeitete er 14 Jahre lang als Managementtrainer. Seit 1995 führt er Seminare mit Familienaufstellungen und Weiterbildungen in zahlreichen Ländern durch. Er ist Autor mehrerer Bücher zu den Themen Kommunikation, Selbstmanagement und Familien-Stellen.

Von Bertold Ulsamer sind im Goldmann Verlag bisher erschienen:

Ohne Wurzeln keine Flügel (14166)
Das Handwerk des Familien-Stellens (14197)

BERTOLD ULSAMER

SPIELREGELN FÜR PAARE

Einsichten in die
Partnerschaftsdynamik
mit dem Familien-Stellen
nach Bert Hellinger

ARKANA
GOLDMANN

Umwelthinweis:
Alle bedruckten Materialien dieses Taschenbuches
sind chlorfrei und umweltschonend.
Das Papier enthält Recycling-Anteile.

Originalausgabe November 2003

Umschlaggestaltung: Design Team München
Satz: Uhl + Massopust, Aalen
Druck: Elsnerdruck, Berlin
Verlagsnummer: 21636
Redaktion: Ralf Lay
WL · Herstellung: WM
Made in Germany
ISBN 3-442-21636-2
www.goldmann-verlag.de

1. Auflage

Inhalt

Auftakt: Liebe und Ordnung – ein Gegensatz?

Lieb' ist ein Rauch, den Seufzerdämpf' erzeugten;
Geschürt, ein Feu'r, von dem die Augen leuchten;
Gequält, ein Meer, von Tränen angeschwellt;
Was ist es sonst? Verständ'ge Raserei,
Und ekle Gall', und süße Spezerei.

Shakespeare, Romeo und Julia

Liebe – das alte Rätsel

Wie kann man dauerhaft, erfüllt und in Liebe mit einem anderen Menschen zusammenleben? Diese alte Rätselfrage ist auch heute unbeantwortet. Denn viel hat sich in den Jahrhunderten seit Shakespeare nicht geändert. Wenn wir heute der Liebe begegnen, treffen wir auf die gleiche Sehnsucht, die gleichen »Seufzerdämpfe«. Wir brennen im Feuer, und die Augen leuchten. Und neben der Süßigkeit gibt es die Qual und die Tränen. Und zwischendurch Raserei, Ekel und Galle.

Dabei sehen die Träume von der Liebe doch anders aus. Wir wollen geliebt und gemocht werden – eigentlich überall und von allen. Am meisten aber wollen wir geliebt werden in der Partnerschaft. Das ist die süße Spezerei, die Leckerei, die wir uns wünschen.

Doch die Schattenseiten der Liebe tauchen schnell, meist zu schnell, auf. Das ungetrübte Glück der Verliebtheit dauert nicht ewig. Die Galle kommt hoch. Der andere ist nicht so, wie wir ihn erträumt haben. Und bedauerlicherweise auch umgekehrt: Wir sind nicht so, wie er oder sie uns erträumt hat.

Die Enttäuschung darüber, der Zorn und die Resignation können eine mächtige, zerstörerische Kraft entwickeln. So scheitern Beziehungen. Dabei haben fast alle Paare ihre Beziehung mit viel Hoffnung und mit viel Liebe begonnen. Wie kann solche Gemeinsamkeit enden? Jeder gibt sein Bestes. Wie kommt es, dass trotzdem manchmal unüberwindbare Schwierigkeiten auftreten?

Erhofft der Wunsch nach einer erfüllten Beziehung etwas Unmögliches? Sind Männer und Frauen einfach zu verschieden? Oder fehlt es uns lediglich an Kommunikationsfähigkeiten und dem nötigen Verständnis für das andere Geschlecht? Unzählige Ratgeber auf dem Büchermarkt befassen sich mit den »Frauen von der Venus und den Männern vom Mars« und wie sie besser miteinander auskommen können – auch wenn »Männer nicht zuhören und Frauen schlecht einparken«.

Ich halte das Wissen dieser Ratgeber für nützlich und hilfreich. Wenn Partner und Partnerin anfangen, mehr auf den anderen zu hören, wenn sie versuchen, sich besser zu verstehen und zu verständigen, wenn ein Paar sich mehr Zeit füreinander nimmt, verlieren viele Konflikte an übermäßiger Schärfe und können gelöst werden.

Aber der gute Wille und die guten Absichten reichen nicht immer. Denn bisweilen fällt es uns nicht so leicht, wie wir es gern hätten, den guten Ratschlägen zu folgen. Irgendetwas Unerklärliches scheint es in uns zu geben, was uns immer wieder bremst, blockiert und sabotiert. Wir finden uns auf der Spitze eines Eisbergs, von dem aus wir schauen und planen für eine gute Zukunft. Vier Fünftel des Eisbergs aber liegen unter Wasser, und die unsichtbaren Strömungen des Meeres treiben uns in Richtungen, in die wir nie gewollt haben.

Dieses Buch will zu ebenjenen tiefen Strömungen schauen, die stärker über die Möglichkeiten unserer Partnerschaft bestimmen, als uns oft bewusst ist. Solche Zwänge halten uns dann fest in ihrem Griff. Doch sobald sie bewusst werden, verlieren sie einen Teil dieses Bannes, und neue Schritte werden möglich.

Was im Untergrund wirkt, sind viele der Ordnungen, die Bert Hellinger entdeckt und als Erster in dieser Klarheit formuliert hat. Das Instrument, um diese Ordnungen zu finden und zu erleben, sind Familienaufstellungen in der von ihm entwickelten Form.

Das Rätsel »Liebe« ist damit noch immer nicht gelöst, das Abenteuer, sich auf einen anderen Menschen einzulassen, bleibt. Aber hin und wieder, ab und zu, finden wir in unseren neuen Einsichten Unterstützung in Bereichen, in denen wir zuvor hilflos waren.

»Ordnung in der Liebe«?

Ordnung ist ein Fluss, der fließt.[1]
Bert Hellinger

Wenn »Ordnung« eine sinnvolle Ergänzung oder Erweiterung von Liebe sein könnte – welche Art von Ordnung ist dann gemeint? Doch sicherlich nicht die, die unsere Vorfahren zwang, im schlimmsten Fall ein Leben lang auch ohne Liebe nebeneinander herzuleben. Nur weil es die Gesellschaft, ihre Ordnung und die eigenen Eltern so wollten.

Diese alte Ordnung ist in unserer Gesellschaft schon lang zerbröckelt. Es genügt, sich die Beziehungen in seinem nächsten Umfeld anzuschauen. Da scheint sich ein beständig größer werdender Wirrwarr auszubreiten. Stabilität wird immer seltener. Und wir, als Kinder dieses aufkommenden Chaos, leben mittendrin in dieser Unsicherheit, werden verwundet, schlagen anderen Wunden und experimentieren tapfer weiter.

Wie kann Liebe gelingen? Bert Hellinger hat viele grundlegende Aussagen zu Bindung, Ordnung und Ausgleich gemacht. Er spricht von dem Gewissen, das uns führt, und zeigt seine Fragwürdigkeit und Beschränktheit auf.

Könnten aber solche Ordnungen, die uns nach Hellinger vorgegeben sein sollen, nicht auch ein Hirngespinst sein und das Ergebnis eines konservativen Weltbilds? Bläst da vielleicht jemand seine Ideologie zur Wahrheit und Lehre auf und setzt sie kraft seiner Persönlichkeit durch? Kritiker dieses Ansatzes erheben genau den Vorwurf.

Dabei übersehen sie, dass Hellinger seine Erkenntnisse nicht abstrakt im Gelehrtenkämmerchen entwickelt hat. Stattdessen sind sie aus seiner therapeutischen Arbeit mit Familienaufstellungen, so wie im nächsten Abschnitt beschrieben, entstanden. Diese Ordnungen sind also keine ideologische Grundlage, die in einer Aufstellung durchgesetzt wird. Vielmehr muss für jeden Einzelfall über die Reaktionen in den Aufstellungen überprüft werden, ob die Ordnungen auch hier gelten.

Erst wenn etwas der Befriedung im System insgesamt dient, erst wenn alle Beteiligten sich im Beziehungsgeflecht angenommen und aufgehoben fühlen, kann man von einer guten Ordnung ausgehen. Während eine Ordnung, die von außen auferlegt wird, an der Oberfläche bleibt, wirkt die Ordnung, die von innen kommt, in der Tiefe.

Das Leben verändert sich fortwährend, schafft immer wieder neue Entwicklungen, in der heutigen Zeit mit einer besonders hohen Geschwindigkeit. Jedes Paar, das frisch anfängt, weiß nicht, wohin sein Weg es führen wird. Die Gesellschaft, die Individuen und auch die Paare und ihre Probleme ändern sich. Nehmen wir als ein Beispiel von vielen die moderne Reproduktionsmedizin. Hier sehen wir, wie sich innerhalb einer Generation die Möglichkeiten von Empfängnis und Geburt radikal gewandelt haben – mit einer enormen Auswirkung auf die Paare und die Einzelnen. Wir konstruieren die Welt neu und scheinen jederzeit die Konstruktion ändern zu können.

Und dennoch lebt in uns auch der alte Mensch weiter – mit seinen alten Programmen, mit seinen alten Erwartungen und mit seinen alten Wunden. Deshalb ist es wichtig, hier eine Art Bestandsaufnahme zu machen. Nicht um ein Gefängnis zu entdecken, in das wir wieder zurück sollen. Sondern um anzuschauen, was in uns wirkt, und uns mit dieser Erkenntnis anzufreunden.

Was Hellinger darstellt, ist in vielem eine archaische Ordnung, die in unserem Inneren wirkt. Diese Ordnung bestimmt uns weit mehr, als uns bewusst ist – ob wir wollen oder nicht. Es scheint mir sinnvoll, sich damit auseinander zu setzen und zu schauen, inwieweit sie auch im eigenen Leben und in der eigenen Beziehung wirkt.

Ich habe bei mir persönlich erlebt, dass viele der Ansichten und Entdeckungen Bert Hellingers mein früheres Weltbild erschüttert und verändert haben. Als ich das erste Mal *Zweierlei Glück*, die erste von Gunthard Weber herausgegebene Veröffentlichung der Arbeit von Bert Hellinger, in die Hände bekam, wurden meine bisherigen Überzeugungen über Individualität und Familie ständig herausgefordert. Ich war berührt von der »Weisheit« (nur dieses altmodische Wort passte dazu) vieler Aussagen Hellingers.

Kurze Zeit später habe ich die positiven Wirkungen von Familienaufstellungen am eigenen Leib erfahren. (Die eigene Erfahrung ist ja nach wie vor noch der beste Beweis.)

Mir war schon in jungen Jahren recht deutlich gewesen, dass ich mich in einer dauerhaften, verbindlichen Beziehung sehr schwer tat – trotz eines großen Bedürfnisses danach. Heiraten wollte ich nie. Damit war ich eindeutig die Ausnahme in meiner Familie, weil meine fünf Geschwister sich alle relativ früh banden, mit dem Partner und der Partnerin eine Ehe gründeten und Kinder bekamen. Warum war ich so anders?

Erst in der Aufstellung meiner Herkunftsfamilie wurde mir sichtbar und spürbar, wie sehr ich mit dem Vater meines Vaters verbunden war, der sich als Vater von vier kleinen Kindern erhängt hatte. Mit dieser Entdeckung löste sich ein Knoten in meinem Beziehungsleben. Plötzlich fühlte ich die innere Möglichkeit und Bereitschaft, mich voll und ganz auf jemanden einzulassen. Es schien mir dann eine natürliche Entwicklung einer sich immer mehr vertiefenden Beziehung, Gabriele, meine spätere Frau, zu fragen, ob sie mich heiraten wolle. Von da aus wurden damals auch bald die Familienaufstellungen zu der Arbeit, die ich am liebsten tat und die ich für viele Menschen wichtig und bedeutungsvoll fand. Denn ich hatte die Bedeutung der »Ordnungen der Liebe« für mich selbst entdeckt.

Gleichzeitig war und ist mir klar, dass diese Ordnungen nicht das ganze Leben widerspiegeln. Das Leben setzt sich aus vielen Polaritäten und Gegensätzen zusammen. Es gibt nicht die eine Wahrheit – sondern meistens ist auch das Gegenteil wahr.

Ich lade Sie also ein, sich von den folgenden Aussagen herausfordern zu lassen und sich Ihre eigene Meinung zu bilden. Dabei ist es das Wichtigste, immer wieder »hinzuschauen«. Wer nicht hinschaut, sondern nur an seinen alten Überzeugungen kleben bleibt, hat viel mit einer Fliege an einem Fliegenfänger gemein. Der freie Flug in eine neue Richtung bleibt ihm verwehrt (und natürlich auch erspart).

Was Sie selbst dem vorliegenden Buch entnehmen, liegt in Ihren Händen. Was ich schreibe, ist eine Einladung zum Entdecken. Es geht nicht um ein »So ist es, und so ist es nicht«, sondern um einen Anstoß zum Nachdenken und Überprüfen.

So kann ich mich bei meiner eigenen Arbeit mit Paaren gut der Aussage der Paartherapeutin Rosmarie Welter-Enderlin anschließen:

> »Je mehr Erfahrung ich mit Paaren in schwierigen Lebenslagen habe, desto weniger weiß ich, was gut ist für sie, und finde das in Ordnung, solange ich ihnen behilflich sein kann, ihre eigenen Lösungen zu finden.«[2]

Wesentliche Einsichten, die in diesem Buch beschrieben werden, sind aus der Arbeit mit den Familienaufstellungen erwachsen. Im Laufe der letzten Jahre und gerade bei den Vorarbeiten zu diesem Buch bin ich auf viele spannende, wichtige und nützliche andere Perspektiven auf das Paar und die Paarprobleme gestoßen. Am liebsten würde ich sie alle einarbeiten! Aber das würde den Rahmen dieses Buches überfordern. Deswegen beschränke ich mich nach Möglichkeit auf die ganz besondere Sichtweise, die ich durch die Arbeit Hellingers gewonnen habe.

Bewusst schreibe ich dabei über das Thema der Partnerschaft von Mann und Frau, auch wenn gleichgeschlechtliche Paare sicherlich viele Gemeinsamkeiten entdecken können.

Familienaufstellungen sind in meinen Augen ein eigenständiger Weg, um Realität zu erkunden. Sie führen auf eine tiefere Ebene und zu einer Wahrheit, die sonst unter der Alltagswahrnehmung verborgen liegt. Diese Einsichten lassen sich oft nachvollziehen, auch ohne Aufstellungen zu kennen. Dennoch ist die Frage wichtig, wie Familienaufstellungen überhaupt ablaufen.

Der Ablauf einer Familienaufstellung

In offenen Seminaren, so wie meine Frau und ich sowie viele andere Seminarleiter sie durchführen, treffen sich Teilnehmer und Teilnehmerinnen (im Folgenden auch als »Klient« oder »Klientin« bezeichnet), von denen jeder mit einem Problem oder einer Frage kommt und deshalb seine Familie aufstellen will. Typische Probleme sind Schwierigkeiten mit Familienmitgliedern, zum Beispiel mit Vater, Mutter, Geschwistern, Partnern oder Kindern. Oder jemand fühlt sich durch bestimmte Gefühle wie Trauer, Schuld, Angst oder Wut belastet und weiß keine Ursache in den Erfahrungen des eigenen Lebens. Manchmal weiß jemand auch gar nicht, was sein Platz im Leben ist – und dann fühlt derjenige sich meist auch nicht in seiner Familie zu Hause.

Dabei gibt es grundsätzlich zwei Richtungen, in die jemand mit einer Aufstellung schauen kann: entweder in die Vergangenheit oder in die Gegenwart. Zur Vergangenheit gehört die Familie, aus der man kommt, das so genannte Ursprungs- oder Herkunftssystem. Hier sind vor allem die Eltern wichtig, aber auch die

Geschwister und eventuell noch andere Mitglieder aus früheren Generationen (Onkel, Tanten, Urgroßeltern und so weiter).

Wenn man das Gegenwartssystem aufstellt, dann schaut man zur eigenen aktuellen Partnerschaft mit sich selbst als Mann bzw. Frau und der Partnerin oder dem Partner und den Kindern aus dieser Beziehung. Auch die ehemaligen Partner gehören dazu.

Seminare dauern meist zwischen zwei und fünf Tagen. In der Regel kommt jeder für sich allein, die anderen Mitglieder seiner Familie braucht er nicht für diese Arbeit. Manchmal kommen auch Geschwister, ein Elternteil mit einem Kind oder Paare. Während dieser Zeit stellt jeder Teilnehmer einmal mithilfe der anderen Teilnehmer seine Familie.

Die praktische Durchführung sieht so aus: Wer aufstellen will, wählt zunächst Stellvertreter und Stellvertreterinnen für jedes wichtige Mitglied der Familie – und auch für sich selbst. Anschließend gibt er spontan – ohne zu sprechen und ohne jede Erklärung – jedem Stellvertreter der Reihe nach im Raum einen Platz und eine Blickrichtung. Er gibt dabei weder eine bestimmte Haltung noch ein bestimmtes Gefühl vor.

Wenn alle aufgestellt sind, nimmt der Klient oder die Klientin wieder Platz. Von jetzt ab bis zum Ende der Aufstellung sind sie nur noch Zuschauer und beobachten das, was der Leiter und die Stellvertreter sagen und tun.

Der Leiter bittet die Stellvertreter, sich auf die Empfindungen an ihrem Platz einzulassen. Nach kurzer Zeit fragt er sie einzeln nach ihren Wahrnehmungen.

Die Teilnehmer, die den fremden Platz einnehmen, teilen die Spannungen, Konflikte und Beziehungen dieses Platzes und dieser Rolle mit. Die Plätze haben ihre eigene Kraft, sodass jeder, der an diesem Platz steht, ähnliche Wahrnehmungen macht.

Die Stellvertreter nehmen Gefühle und Beziehungen der fremden Personen wahr, die sie »stellvertreten«. Das ist die wesentliche Grundlage der Arbeit mit Familienaufstellungen, ohne die Aufstellungen nicht denkbar wären. Wer das erste Mal an einer Aufstellung teilnimmt, kommt ins Staunen, später gewöhnt er sich an dieses Phänomen. Ein Beispiel:

Die Klientin stellt auf, unter anderem Stellvertreter für ihre Großmutter und deren ersten Mann, den sie im Krieg verloren hatte. Beide schauen sich an. Ich schlage der Großmutter[3] *den Satz vor: »Es war schlimm für mich, dass du gefallen bist.« Die Großmutter schaut einen Moment lang. Dann sagt sie spontan zu ihm: »Nein. Ich war froh darüber.«*

Immer wieder bestätigen Rückmeldungen von Klienten, dass selbst ganz unerwartete und überraschende Aussagen der Stellvertreter stimmig sind. In vielen Aufstellungen wird eine Fülle von unterschwelligen Spannungen sichtbar und von den Stellvertretern offenbart. Meine Erfahrung ist, dass wir in den meisten Aufstellungen Gefühlen, Empfindungen und Wissen begegnen, die zuvor unbewusst waren. Es ist, als ob mit einer Aufstellung ein anderer Raum eröffnet wird. Auch die Sprache ist anders, einfacher. Komplizierte Worte und

Sätze werden von den Stellvertretern schwer verstanden. Begriffe, die eher altertümlich wirken, zum Beispiel ein Satz wie »Ich achte dich«, werden dagegen leicht angenommen und als angemessen empfunden.

Spannungen im Untergrund lösen sich dann, wenn sie aufgedeckt und ausgesprochen werden. In solchen Situationen schlage ich oft Sätze vor, die der Stellvertreter nachspricht, und dass er auf diese Weise überprüft, ob sie stimmig sind. Falls nein, suchen wir gemeinsam eine passendere Lösung. Wenn etwas stimmig ist, reagiert der Stellvertreter unmittelbar, und zwar meist mit Erleichterung.

Im ständigen Kontakt mit den Rückmeldungen der Stellvertreter sucht der Leiter nach individuellen Lösungen. Diese spiegeln in der Regel die Ordnungen wider, die Hellinger in seiner langjährigen Arbeit mit Aufstellungen herausgefunden hat. Häufig erweisen sich Sätze als hilfreich, die ein Ausdruck dieser Ordnungen sind. Oft ist ein Wechsel des Platzes, an dem jemand steht, hilfreich. Es wird sichtbar, dass jeder Platz seine eigene Kraft und Wirkung hat. (Es ist leicht nachvollziehbar, dass sich ein Paar anders fühlt, das Seite an Seite steht, als wenn beide sich den Rücken zuwenden.)

Lösungen werden nicht nach Theorien vorgegeben, sondern unterschiedliche Lösungsschritte werden ausprobiert und so überprüft. Immer entscheidet die Wirkung auf die Aufgestellten, ob die Veränderung oder der neue Schritt fruchtbar ist.

Oft besteht die Lösung darin, eine Ordnung aufzustellen, in der jeder, der aufgestellt ist, sich wohl fühlt. Dann tritt der Teilnehmer, der aufgestellt hat, an den

Platz, den bisher der Stellvertreter eingenommen hatte, und überprüft alles noch einmal. Das neue Bild, die neue Ordnung nimmt er mit allen seinen Sinnen in sich auf. Damit ist die Aufstellungsarbeit beendet. Manchmal wird eine Aufstellung auch ohne Lösung abgebrochen; und selbst diese Aufstellungen können dem Klienten einen positiven Anstoß geben.

Eine Aufstellung dauert im Regelfall zwischen 20 und 45 Minuten, aber auch kürzere und längere Aufstellungen kommen vor.

Ziel bei der Aufstellung der Ursprungsfamilie ist es nicht, die unendliche Vielfalt aller Verbindungen in einer Familie aufzudecken, sondern nur die stärkste Verstrickung, in der jemand gefangen ist und die seine Kraft bindet. Insbesondere die Verbindungen mit vergessenen und ausgeschlossenen Familienmitgliedern sind wichtig.

Bei der Aufstellung des Gegenwartssystems geht es darum, frühere Partner zu achten, Verantwortung für Schuld bei Trennungen und so weiter zu übernehmen und die Beziehungen zwischen Erwachsenen und Kindern zu klären. In der Gegenwartsaufstellung sind wir nicht die unschuldigen Kinder, sondern selbst die Erwachsenen. Die Lösung kommt aus der Bewältigung der Vergangenheit unseres eigenen Lebens und in dem Erkennen der Realität und ihrem Annehmen so, wie sie ist.

Beide Aufstellungsformen ergänzen sich und gehören zusammen: Die Familie, aus der wir kommen, und unsere Verbindung mit ihr sind wichtig. Der andere Pol ist die Geschichte unseres eigenen Lebens und die

Gegenwart. Denn nur hier spielt sich unser tatsächliches Leben ab, von Augenblick zu Augenblick.

Der Pionier Bert Hellinger

Grundsätzliche Aussagen mache ich grundsätzlich nicht.[4]
Bert Hellinger

Wer nach dem Haar sucht, dem entgeht die Suppe.[5]
Bert Hellinger

Bert Hellinger ist ein Pionier. Er bleibt nicht stehen, sondern geht weiter – kein Wunder, dass er da nicht unumstritten bleibt.

Zunächst war er – im Jahr 1925 geboren – 25 Jahre lang Mitglied eines katholischen Ordens, danach wurde er Psychoanalytiker und kam über viele therapeutische Methoden wie Primärtherapie, Transaktionsanalyse, Hypnotherapie und NLP zu der ihm eigenen Form der Familientherapie, den Familienaufstellungen.

Lange Jahre waren die Einsichten in die Verbindung des persönlichen Lebensschicksals mit der eigenen Familie das wichtigste Thema, zum Beispiel dass ein Mitglied der Familie, das ausgeschlossen wird, später durch ein anderes Familienmitglied vertreten wird, das ein ähnliches Schicksal lebt. Inzwischen zeigt sich, dass Aufstellungen wesentlich mehr darüber hinaus abbilden können, Beziehungen wie zwischen Tätern und Opfern im Dritten Reich, Beziehungen zwischen verfeindeten Nationen, aber auch das, was Mitmenschsein und die Begegnung mit dem Tod bedeuten.

Als 1993 das erste Buch über die Arbeit Hellingers, *Zweierlei Glück*, erschien, wuchs die Nachfrage nach seiner Arbeit enorm, und Hellinger kam ihr nach, indem er die Aufstellungsarbeit auch vor einem großen Publikum bis zu mehreren hundert Personen demonstrierte. Inzwischen wurde Hellinger in viele unterschiedliche Kulturen eingeladen und hat dort die Aufstellungsarbeit eingeführt oder verbreitet, so unter anderem in den USA, Südamerika, China, Japan, Russland und Israel.

Der Pionier muss sich von dem anerkannten Konsens der breiten Mehrheit ein Stück weit lösen. Er muss es aushalten können, allein zu stehen. Dazu braucht er bestimmte Eigenschaften wie eine Portion Kampfgeist, Aggressivität und Rücksichtslosigkeit. (Wer zu viel »Rück-Sicht« nimmt, kann nicht nach vorne schauen.) Diese Qualitäten sind bei Hellinger mit zunehmendem Alter abgemildert worden, blitzen aber doch immer wieder durch.

Wenn jemand Charisma hat – und Bert Hellinger hat das unbestreitbar –, dann wirkt das natürliche Phänomen der »Übertragung« besonders stark. Er wird zur Projektionsfläche von den Wünschen und Bedürfnissen der Zuschauer.

Dabei kennt die Übertragung nur zwei Gegenpole: Entweder sieht jemand allein das Positive des Gegenübers, überhöht ihn und schaut auf zu ihm wie zu einem gütigen und weisen Vater, den er so selbst nie oder zu selten erlebt hat. Er wird ein Stück weit zum sehnsüchtigen, bewundernden Kind. Oder jemand sieht nur das Negative, überspitzt das und blendet alles andere aus. Auf diese Weise kommt es zu einer, wie mir scheint, notwendigen, aber immer unangemessenen Balance.

Die tatsächliche Person kann in diesem Hin und Her untergehen, weil sich die eigenen inneren Phantasien und Bilder der Betrachter immer mehr verselbständigen. Die Jünger blenden den einen Teil des Menschseins aus, die Gegner den anderen.

Was dem Betrachter so schwer fällt bei Bert Hellinger (wie auch bei jedem anderen Menschen), ist, gleichzeitig das Licht und den Schatten in seiner Person zu sehen und die Widersprüche auszuhalten.

Was dabei hilft, ist, sich von einer Qualität, die ich besonders an Bert Hellinger schätze, anstecken zu lassen. Das sind der Mut und die Unbedingtheit, mit der er auf seine eigene Wahrnehmung achtet, ihr folgt und sie nach außen vertritt – mit dem vollen Risiko (Irren ist menschlich!), auch Fehler zu machen.

Wenn Sie sich davon anregen lassen, dann akzeptieren Sie im folgenden Text nicht einfach, was Bert Hellinger sagt oder was ich als Autor sage, sondern schauen Sie genau hin, und folgen Sie Ihrer eigenen Wahrnehmung und Wahrheit.

Kontrolle widerspricht dem Wesen von Beziehung

Hier noch einige direkte Fragen zum Thema Beziehungen aus einem Interview, das ich 1995 mit Bert Hellinger geführt habe:[6] Es spiegelt am besten etwas von der Weltanschauung Hellingers wider.

Ulsamer: »Zum Anfang eine grundsätzliche Frage zum Thema Beziehungen: Wie man in den Aufstellungen sehen kann, werden Beziehungen und Familien immer brüchiger. Es tauchen immer mehr ehemalige Partner in einer Aufstellung auf. Das Chaos wird immer größer. Wo siehst du die Ursachen, wo die Chancen?«

Hellinger: »Für mich stellt sich in einem solchen Zusammenhang die Frage, ob es nicht sinnvoll ist, dass Beziehungen brüchig werden. Ich habe nichts gegen die Phänomene, wie sie sich zeigen. Wenn es so eine Entwicklung gibt, dann gehe ich davon aus, dass sie sinnvoll ist. Denn ich gehe davon aus, dass es niemandem möglich ist, sich gegen die Ordnung zu stellen. Wer meint, er müsste etwas wiederherstellen, der stellt sich oft mehr dagegen als die, die einfach der Entwicklung, wie sie ist, zustimmen.«

Ulsamer: »Deine Arbeit scheint in eine Richtung zu gehen, in der gerade dieses Element von Bindung betont wird. Denn sie arbeitet die bestehenden Bindungen heraus.«

Hellinger: »Ich zeige, dass es so etwas gibt wie Bindung. Aber die Arbeit zielt nicht darauf, die Bindungen wieder zu fördern. Dann würde ich mir etwas anmaßen. Ich zeige nur den Einzelnen, wie die Dynamiken gehen. Ob es ihnen dann hilft in dem, was ihr besonderer Lebensweg ist, das weiß ich nicht. Das ist dann auch ganz egal, denn ich stelle nur Ordnungen fest, so wie ich sie sehe, und überlasse das dann den Einzelnen. Aber mein Bild ist, dass das Brüchigwerden von Beziehungen in der Gesamtentwicklung eine Bedeutung haben muss, genauso wie die Entfremdung von der

Natur eine Bedeutung haben muss, die ich nicht weiß und die ich auch gar nicht wissen will. Aber ich schwimme mit der Entwicklung, so wie sie ist, und deshalb habe ich auch kein Anliegen, mit bestimmten Methoden etwas wiederherzustellen, was heutzutage nicht mehr so gelebt wird.«

Ulsamer: »Du sagst, du schwimmst mit. Siehst du eine Richtung, in die der Fluss geht?«

Hellinger: »Nein. Weil, wer mitschwimmt, entscheidet nicht über die Richtung. Der schwimmt nur mit.«

Ulsamer: »Was ist für dich der Zusammenhang zwischen Liebe, Sexualität und Beziehung? Wenn jemand eine Beziehung eingeht, was ist zum Gelingen einer Beziehung zu beherzigen? Kannst du da etwas sagen?«

Hellinger: »Diese Überlegungen setzen voraus, dass einer das steuern kann. Er denkt, wenn er bestimmte Dinge beachtet, dann wird auch ein bestimmtes Ergebnis herauskommen. Das ist eine Art Kontrolle. Diese Kontrolle widerspricht bereits einer Beziehung.«

Kapitel 1

»Du bist schon wie deine Mutter!« – »Und du erst: ganz dein Vater!«

Die Familie ist die Quelle des Segens und des Unsegens der Völker.
Martin Luther

Das Wort Familienbande hat einen Geschmack von Wahrheit.
Karl Kraus

»Jeder ist seines Glückes Schmied« oder »Der Apfel fällt nicht weit vom Stamm«? Was gilt nun? Was in unserem Leben? Und was in unseren Beziehungen?

Vielleicht kann ich schon einen Teil der Antwort verraten: Beides hat seine Richtigkeit. Allerdings werden in der heutigen Gesellschaft vor allem die eigene Verantwortung und die eigenen Möglichkeiten hervorgehoben. »Nichts ist unmöglich« könnte einer dieser Wahlsprüche sein. Jeder konstruiert sich seine Welt selbst. Das Gute an diesen Überzeugungen ist: Mit einer solchen Einstellung wird viel Kraft freigesetzt und weit mehr möglich, als der Vorsichtig-Skeptische ursprünglich für machbar gehalten hätte. Aber die Realität stößt uns auch an die Grenzen einer solchen Überzeugung.

Mit den »Ordnungen der Liebe« und den Familienaufstellungen schauen wir zum Gegenpol, dem, was vorgegeben ist – und auch dort finden wir Wertvolles.

Damit die Themen, die viele Paare betreffen mögen, plastisch werden, wird Ihnen im weiteren Verlauf des

Buches ein Paar, Kerstin und Markus, in verschiedenen Lebenslagen begegnen.

Kerstin und Markus sind seit fünf Jahren befreundet, vor drei Jahren zogen sie zusammen. Auf der einen Seite waren sie voller Begeisterung und Freude mit dem Gefühl, endlich den Richtigen bzw. die Richtige gefunden zu haben. Auf der anderen Seite gab es schon eine gewisse Vorsicht und Skepsis, denn Markus war vorher mit Anna verheiratet gewesen und hat zwei kleine Kinder mit ihr. Kerstin hatte drei längere Beziehungen gehabt. Aber so gut wie mit Markus war keine gewesen! Deshalb wagten sie dann doch den Sprung in die eigene Wohnung. Und die ersten paar Monate waren fast schöner gewesen, als sie es erträumt hatten.

Gestern Abend hatten sie fürchterlich Krach gehabt. Seitdem sprechen sie nicht mehr miteinander.

Aufgeregt sitzt Kerstin am nächsten Abend bei ihrer Freundin Simone in deren Wohnung und schüttet ihr das Herz aus. »Ich halte es einfach nicht mehr aus mit ihm! Jeden Abend das Gleiche. Erst schiebt er seinen Teller zur Seite, dann hockt er sich vor die Glotze und ist mindestens zwei Stunden nicht ansprechbar. ›Ich brauch das zum Entspannen von der Arbeit‹, brummt er nur. Dabei wollte ich mit ihm ausgehen und mich mal wieder gut mit ihm unterhalten. Wie in alten Zeiten. Da war er doch anders. Was war er für ein attraktiver Mann, als wir uns kennen lernten! Und jetzt? Ein richtiger Stockfisch! Das hatte ich doch schon einmal, und davon habe ich wirklich genug. Warum gerate ich immer nur an solche Männer?«

Markus sitzt zusammen mit Freund Jürgen in der Kneipe um die Ecke »Verstehst du die Weiber? Ich nicht. Ständig liegen sie einem auf der Pelle, nie ist es ihnen genug. Anfangs hab ich gedacht, Kerstin ist anders. Irrtum, mein Freund! ›Du bist schon wie deine Mutter‹, habe ich ihr gestern gesagt. Die setzt ihrem Alten auch immer gewaltig zu. Und weißt du, was Kerstin erwidert hat? ›Und du erst: ganz dein Vater!‹ So weit ist es schon mit uns gekommen. Komm, stoßen wir noch einmal an!«

Kommt Ihnen hier etwas bekannt vor? Beziehungen sind nicht so einzigartig, wie wir vielleicht denken. Bei den meisten von uns hat die Entwicklung zum Paar und als Paar vieles gemeinsam. Es gibt ähnliche Themen und Hintergründe, ähnliche Gemeinsamkeiten und Verbindungen, ähnliche Konflikte und Lösungen – mit drei oder vier unterschiedlichen Grundmustern.

Liebe auf den ersten Blick – noch einmal hingeschaut

Wie werden zwei wildfremde Menschen zu einem Paar? Was bringt sie zusammen? Schauen wir, wie das bei Kerstin und Markus geschehen ist.

Es war bei der Geburtstagsfeier einer Arbeitskollegin von Kerstin. Eigentlich fand Kerstin es recht langweilig, wäre da nicht dieser nette Typ gewesen. Er stand mit seinem Sektglas bei einem kleinen Grüppchen und unterhielt sich offensichtlich recht gut. Ab und zu schaute sie hinüber, und irgendwann trafen sich ihre Blicke. Und dann stand er plötzlich vor ihr und fragte, ob sie nicht auch noch einen Sekt wolle. Sie schaute in seine Augen, sah sein Lächeln, er kam ihr so vertraut vor; und da war es auch schon um sie geschehen. Der Traummann – anders und anziehender als die vielen anderen Männer.

Und Markus? Er hatte Kerstin gleich entdeckt, als er in den Raum kam. »Wow – was für eine Frau!«, dachte er sich. Als sie dann ein paar Mal zu ihm hingeschaut hatte, nahm er seinen Mut zusammen und sprach sie an. Und bei den ersten Worten war sein Feuer noch größer geworden.

»Kein Wunder, dass es nicht gut geht, bei dieser schnellen, kopflosen Entscheidung«, mag der Zyniker denken …

Irgendein biologischer und chemischer Mechanismus ergreift ein Paar und nimmt es in Besitz. Das Ergebnis: eine Partnerschaft. Wir können vielleicht beschreiben, welche Hormone in welcher Menge dabei ausgeschüttet werden. Aber wem gibt das irgendeine sinnvolle Auskunft, was Verliebtsein und Liebe ist? Zwar zeigen Forschungen des Paartherapeuten Jürg Willi, dass Verliebtheit wirkungsvoll ist. Durch die Verliebtheit entsteht eine Bindung, die nicht so leicht wieder bricht und auch Durststrecken in der Beziehung überstehen lässt. Verliebtheit hilft den Partnern, die Fremdheit zu überwinden, und stellt eine Vertrautheit her, die die Bindung zur Herkunftsfamilie lockert und ein eigenes Paarsystem entstehen lässt. Aber warum gerade Markus und Kerstin? Warum gerade dieses ganz bestimmte Paar?

Populärpsychologisch heißt es: »Die Frau, in die er sich verliebte, hat Ähnlichkeit mit seiner Mutter.« – »Der Mann hat Ähnlichkeit mit ihrem Vater.« Aber gibt es nicht eine unendliche Anzahl von Frauen und Männern, die Ähnlichkeiten mit unseren Eltern haben? Warum denn gerade dieser oder diese?!

Sicher gibt es Zeiten, in denen jemand für die Partnerwahl besonders aufgeschlossen ist. Wenn die Zwölf-, Dreizehn- und Vierzehnjährigen voll Neugier und Begeisterung anfangen, sich für das andere Geschlecht zu interessieren, dann kommt irgendwann ein wichtiger Zeitpunkt. Die ersten eher unverbindlichen Tests sind vorüber, jetzt ist die innere Bereitschaft da, sich weiter aufeinander einzulassen. Aber wann das genau ist und wer dann wirklich derjenige oder diejenige sein wird, bleibt rätselhaft.

Bei einer Aufstellungsgruppe in den USA bringt die Mutter ihren fünfzehnjährigen Sohn für ihre Aufstellung mit. Er hat Interesse an den Aufstellungen und bleibt auch anschließend noch im Seminar. Heimlich wünscht sich die Mutter, dass er seinen Vater, ihren geschiedenen Mann, aufstellt. Am letzten Tag möchte der Junge aufstellen und wählt zur Überraschung aller ein Partnerschaftsthema.

Er hatte neun Monate lang eine Freundin, die sich dann von ihm trennte, was sehr schmerzvoll für ihn war. Nach drei Monaten wollte sie plötzlich wieder eine Beziehung, aber nun mochte er nicht mehr, sondern er wollte mehr Freiheit. Trotzdem fühlt er sich noch an seine frühere Freundin gebunden.

In der Aufstellung steht das Mädchen (Stellvertreterin) ihm (Stellvertreter) gegenüber, schaut ihn intensiv an und sagt: »I want you.« Er mag nichts sagen, fühlt sich aber schuldig.

Ich stelle eine potenzielle neue Freundin dazu. Sie ist recht aufgeregt, wenn sie zu ihm schaut, aber er reagiert nicht auf sie. Verschiedene Sätze, die ich ausprobiere, helfen nicht, den Bann zwischen der ersten Freundin und dem Jungen zu lösen.

Dann lasse ich ihn zwei Schritte zurücktreten. Er sagt: »Plötzlich ist der Magnetismus weg.« Das Interesse ist verschwunden, und er kann sich jetzt neugierig dem neuen Mädchen zuwenden.

So abrupt geschieht in jungen Jahren ein Wechsel des Interesses. Je älter wir werden, desto stärker kann sich eine Bindung entwickeln.

»Was habe ich für ein Pech in Beziehungen!« Ist es wirklich Pech? Kerstin irrt sich, wenn sie sich über ihr Pech beklagt. Und genauso der gefrustete Markus.

Familientherapeuten haben schon vor geraumer Zeit erkannt: »Was Leute wirklich anzieht, ist ihre Ähnlichkeit, genauer, eine Ähnlichkeit in einem der grundsätzlichsten Aspekte – dem ihrer Familiengeschichte.«[7] Oder mit den trockenen Worten der Psychoanalyse: »Unbewusstes erkennt Unbewusstes irrtumslos.«[8]

Am eindrucksvollsten wird das deutlich in einer Übung aus einer Ausbildung für Familientherapeuten an einem englischen Institut, die Robin Skynner und John Cleese in ihrem Buch … *Familie sein dagegen sehr* schildern.[9] Die Studenten machen diese Übung früh, solange sie sich noch nicht kennen. In einem Raum voller Leute werden sie gebeten, sich jemanden auszusuchen, der sie an ein Familienmitglied erinnert, oder jemanden, von dem sie glauben, er könne eine Lücke in ihrer Familie ausfüllen. Sie wandern herum, schauen die Leute an und dürfen beim Aussuchen nicht sprechen. Wenn sie sich ausgesucht haben, reden sie miteinander und versuchen, familiäre Ähnlichkeiten herauszufinden. Nach einer Zeit suchen sie – wieder ohne zu sprechen – ein zweites Paar aus, und auch dann tauschen sie sich wieder aus. Das erstaunliche und verblüffende Ergebnis: Es kommen Leute zusammen, deren Familien ähnlich funktionierten wie die eigene, zum Beispiel Familien, in denen es schwer war, Zuneigung zu zeigen oder Ärger auszudrücken, oder wo es fast inzestuöse Beziehungen gab. Oder es stellte sich heraus, dass alle Väter hatten, die in den entscheidenden Lebensjahren der Kinder von der Familie getrennt waren, oder dass diese Familien einen großen Verlust erlitten hatten. Jedes Mal gibt es eine bemerkenswerte Anzahl an Übereinstimmungen im familiären Hintergrund.

»Als ich zum ersten Mal diese Übung für zwanzig Familientherapie-Studenten leitete, machte ich mir plötzlich Sorgen, dass die, die erst zum Schluss zusammenfinden würden, sich als Ausgestoßene empfinden könnten. Als ich daher später die Gruppen darum bat, über die entdeckten Familienähnlichkeiten zu berich-

> ten, habe ich die Mauerblümchengruppe bis zuletzt aufgespart, denn ich ängstigte mich etwas vor ihren Reaktionen. Aber sie waren genauso fasziniert wie die anderen Studenten. Sie hatten entdeckt, dass sie alle entweder Pflegekinder waren oder adoptiert oder in Kinderheimen aufwuchsen. In der Kindheit fühlten sich alle als Ausgestoßene und hatten einander in dieser Übung sicher wie Schlafwandler gefunden.«[10]

Das bedeutet: Wir tragen unsere Familien mit uns herum, und wir senden Signale aus, die anderen mit ähnlichem Hintergrund es ermöglichen, uns zu erkennen. Das kann der Gesichtsausdruck sein, die Körperhaltung, die Körperspannung, die Mimik und die für uns typische Bewegungsweise. In der Übung zeigte es sich, dass Leute einander auswählten, die oft im gleichen Lebensalter die gleiche Erfahrung gemacht hatten.

Wir stellen fest, »dass jemand, der Probleme mit einer gewissen Stufe seiner Entwicklung hatte, jemanden attraktiv finden wird, der auch mit dieser Entwicklungsstufe nicht klargekommen ist«.[11]

Kerstin und Markus haben also kein Pech gehabt. Die untrügliche Intuition, die sich in der eben beschriebenen Übung zeigt, führt ein Paar zusammen, das auf bestimmten Ebenen gut zusammenpasst. Welches sind diese Ebenen? Ansätze in der modernen Paartherapie betonen das Entwicklungspotenzial, das in den Gemeinsamkeiten eines Paares liegt.[12] Dies ist ein sehr konstruktiver Ansatz, der ein Paar anregt, das Beste aus den gemeinsamen und unterschiedlichen Eigenschaften zu machen.

Mit den Familienaufstellungen schauen wir in eine andere Richtung, zurück in die Vergangenheit. Dieser Blick zurück kann sich als ebenso ressourcenvoll erweisen.

Kinder sind ihren Eltern treu

Kinder sind ihren Eltern treu. Sie getrauen sich selten oder nie, auf Dauer glücklicher zu werden als ihre Eltern. Die äußeren Umstände mögen sich sehr unterscheiden, die Unterschiede im Glück und in der Zufriedenheit sind weitaus geringer.

Kerstins Eltern haben sich vor zehn Jahren scheiden lassen, der Vater hatte immer mehr dem Alkohol zugesprochen, und die Luft zwischen beiden Eltern war eisig gewesen. Inzwischen hat die Mutter wieder geheiratet. Das Verhältnis Kerstins zu ihrem Vater ist kühl, mit der Mutter hat sie sich immer gut verstanden. In den letzten Jahren ist ihr allerdings das Verhältnis zu eng geworden. Vor allem die ständigen Anrufe gehen ihr auf die Nerven, wenn die Mutter ihr wieder mal das Herz über ihre aktuellen Beziehungsschwierigkeiten ausschütten will.

Markus' Eltern sind seit dreißig Jahren verheiratet, allerdings gibt es häufig Spannungen zwischen ihnen. Markus findet, dass sein Vater sich mehr durchsetzen, sich nicht immer zurückziehen und sich nicht so herumkommandieren lassen sollte. Aber davon abgesehen, verträgt er sich gut mit ihm. Vor allem der Fuß-

ball, und da besonders die Sportschau, verbindet sie. »Mein Vater ist mein bester Kumpel«, hat er neulich einem Freund erklärt, der ganz neidisch zuhörte.

In der Ehe beider Elternpaare gab bzw. gibt es Spannungen und Frustration. Wenn wir Kerstin fragen, wie sie die Verbindung der Ehe ihrer Eltern mit ihrer jetzigen Beziehung sieht, ist ihre Antwort: »Mit meiner Familie habe ich eigentlich nichts mehr zu tun.« Markus fühlt sich zwar mit seinen Eltern verbunden, aber sein klarer Vorsatz ist: »Ich werde es anders und besser machen als ihr!«

Die Beziehung von Kerstin und Markus wird allmählich derjenigen ihrer Eltern ähnlicher. Der gute Wille genügt offensichtlich nicht. Oft zeigt sich ein erstaunliches Phänomen: Je stärker jemand dagegen kämpft, den Eltern ähnlich zu sein, desto deutlicher wird mit den Lebensjahren die Ähnlichkeit. Vielleicht noch nicht mit zwanzig – doch da waren die Eltern vermutlich auch noch nicht so, wie die Kinder sie später erlebten. Aber sicherlich um die Lebensmitte. Die Ähnlichkeit ist wie ein Gummiband. Je stärker es jemand in jungen Jahren dehnt, um Abstand zu bekommen, desto stärker schnalzt es dann später zurück.

Diese Treue der Kinder zu ihren Eltern ist in Wissenschaft und Praxis nie weiter beachtet worden. Bisher sind Psychologen und Therapeuten davon ausgegangen, dass Kinder in erster Linie bedürftig und auf die Liebe der Eltern angewiesen sind. So wird allein gesehen, dass Kinder alles tun, nur damit *sie* geliebt werden. Deshalb imitieren sie ihre Eltern und versuchen, ihnen möglichst gleich zu sein. Familienaufstellungen bringen ans Licht, dass die Kinder selbst ein enormes Maß an Liebe besitzen und mit der gleichen Intensität die Eltern zurücklieben. Schaut man tief genug zu den Wurzeln der Verbindungen von Kindern mit ihren Eltern, wird eine tiefe und ursprüngliche Liebe der Kinder zu ihren Eltern deutlich. Kinder lieben Vater und Mutter mit bedingungsloser Liebe. Wenn erforderlich, sind sie bereit, ihr Leben für ihre Familie hinzugeben. Kinder lieben mit einer enormen Kraft. Kinder sind ihren Eltern treu, vor allem ihrem Unglück.

Ein fast typisches Beispiel: Ein Mann kommt mit dem Anliegen, er möchte schauen, ob er seine Ehe retten könne. Die Liebe zu Beginn der Beziehung sei so groß gewesen. Aber nach einem Jahr sei alles gekippt, und beide könnten jetzt nicht einmal mehr miteinander reden. Als ich ihn nach der Familiengeschichte frage, teilt er mit, dass sein Vater eine große Liebe gehabt habe. Die sei dann an einem Unfall gestorben, und der Vater habe ein Jahr später die Mutter geheiratet. Beide hätten aber mehr oder weniger nebeneinander gelebt.

Wenn wir die Entwicklung der Beziehung unter dem Gesichtspunkt anschauen, dass der Sohn dem Vater in seinem Unglück treu ist, so sehen wir das hier in zweifacher Weise. Einmal findet der Sohn eine große Liebe, die dann plötzlich abrupt zu Ende ist. Die Beziehung, die er von diesem Zeitpunkt an weiterführt, entspricht dann der unerfüllten Ehe von Vater und Mutter.

Nehmen wir einen Fall, den der Paartherapeut Jürg Willi schildert: »In einer narzisstischen Ehe verfolgte die Frau den Mann seit der Heirat mit dem dauernden Verdacht, er werde ihr untreu. Ihr Vater hatte seine Gattinnen immer wieder betrogen und war dreimal verheiratet gewesen. Die Frau hatte von Anfang an größtes Misstrauen gegenüber der Ehebeziehung und beteuerte immer wieder, ihr Mann sei der einzige Mensch, dem sie je vertraut habe. Es wäre für sie ganz schrecklich, wenn er dieses Vertrauen enttäuschen würde. Sie verehrte ihren Mann, idealisierte ihn, engte ihn aber mit ihren Idealisierungen immer mehr ein, sodass er zunehmend das Bedürfnis bekam, aus den Verpflichtungen, welche ihre Erwartungen bedeuteten, auszubrechen, um er selbst zu sein. So kam es tatsächlich zur außerehelichen Liebschaft… In der Therapie wurde auch deutlich, dass die Frau, obwohl sie anscheinend die Liebschaft aufs heftigste bekämpfte, sich dauernd so verhielt, dass sie diese verewigte.«[13]

Während Willi das Schwergewicht seiner Beobachtung auf »die Geliebte als trennender Riegel in einer narzisstischen Kollusion« legt, zeigt sich ein erweitertes Bild vom Standpunkt der Familienaufstellung. Eine Tochter, die ihren Eltern, hier insbesondere der betrogenen Mutter, treu ist, »braucht« einen Ehemann, der ihr ebenfalls untreu ist. Dann teilt sie ein ähnliches Schicksal mit der Mutter. (Und sicherlich gibt es bei einem Mann, der eine solche Frau heiratet, auch etwas, was zusammenpasst mit der eigenen Familiengeschichte.)

Die Treue der Kinder zu ihren Eltern ist sicherlich

nicht alles, was den Partner auswählen lässt und die Art der Beziehung bestimmt. Aber es ist ein wichtiger, manchmal entscheidender Gesichtspunkt bei Partnerschaftsproblemen.

»Sind wir dazu verdammt, so zu werden wie unsere Eltern?«

Was sind die Konsequenzen? Oder wie es in einem Artikel mit der Überschrift »Familien-Bande« heißt: »Sind wir dazu verdammt, so zu werden wie unsere Eltern?«[14]

Diese verzweifelte Frage verrät, wie sehr im Innersten die Eltern oft abgelehnt werden, wie das Kind verzweifelt versucht, dem Unglück der Eltern zu entfliehen und es anders und besser als sie zu machen.

Dieses Bedürfnis der Kinder ist legitim. Es scheint mir in unserer Gesellschaft ein wichtiger Bestandteil der notwendigen Ablösung von den Eltern in der Jugend zu sein. Zur Jugend gehört der Wunsch, das Leben in die eigene Hand zu nehmen, keine faulen Kompromisse zu machen und sich von allem, was falsch zu sein scheint, zu lösen. Dazu kann es gehören, sich ganz stark von den Eltern abzugrenzen.

Aber wer bei dieser Abgrenzung stecken bleibt, bleibt innerlich ein Jugendlicher und ist noch nicht erwachsen. Der entscheidende Schritt zum Erwachsenwerden ist das Annehmen und das Achten der Eltern. Erst daraus erwächst dann die Kraft für eine gute, dauerhafte Beziehung.

Diese Kraft hat für den Mann und für die Frau unterschiedliche Quellen. Die Kraft für eine gute Beziehung kommt stets durch die gute, gelöste Beziehung mit dem gleichgeschlechtlichen Elternteil. Für die Tochter also kommt die gute weibliche Kraft über die Beziehung mit der Mutter und für den Sohn die gute männliche Kraft über die Beziehung mit dem Vater.

Das widerspricht einer weit verbreiteten Ansicht, wonach das Wichtigste ist, dass die Tochter sich vom Vater löst und der Sohn von der Mutter. Natürlich ist das eine zentrale Aufgabe. Aber die Kraft zur Lösung kommt vom gleichgeschlechtlichen Elternteil. Wer diesen ausklammern will, wird sich nicht lösen können.

Auf den Punkt gebracht: Wenn zum Beispiel eine Frau kommt, die sich von ihrem Vater lösen will, dann schauen wir auf das Problem, wenn wir auf den Vater schauen. Suchen wir die Lösung, müssen wir zur Mutter schauen. Die Tochter kann die Kraft für eine gute Beziehung nicht vom Vater bekommen, sei das Verhältnis auch noch so gut; und umgekehrt kann der Sohn die Kraft dazu nicht von der Mutter bekommen.

Das mag für den einen oder anderen zunächst recht unangenehm sein. Gerade auf das gleichgeschlechtliche Elternteil schauen Kinder oft etwas herab. Das erleben wir bei Kerstin, die ihre Mutter wegen der ständigen Anrufe nervig findet, und bei Markus, der genau weiß, wie sein Vater sich besser durchsetzen könnte.

In Aufstellungen erleben wir, dass es vier Phasen oder Schritte sind, die ein Kind zu einer guten, gelösten Beziehung führen. Dies kann ein langer Weg sein, der sich über viele Jahre erstreckt, sich immer wieder verändert und zu einer immer tieferen Begegnung führt:

Zunächst gilt es, die Eltern überhaupt erst einmal zu sehen.

Ein kleines Kind nimmt die Fürsorge von Eltern als selbstverständlich an. Es sieht nicht, was es die Eltern an Mühe und Einsatz kostet. Es kann den Menschen als solchen nicht wahrnehmen. Auch erwachsene Kinder sind oft so sehr damit beschäftigt, sich mit den Eltern auseinander zu setzen, dass sie den Menschen hinter der Elternfigur nicht wirklich sehen. Hilfreich kann sein, innerlich (oder auch äußerlich) mehr Abstand zu nehmen, bis eine gute Distanz gefunden ist, um richtig hinzuschauen. Da steht ein Mitmensch, der meist kein leichtes Leben gehabt hat, manche Schicksalsschläge überwunden hat und viel hat einstecken müssen. In dem verknöcherten Erwachsenen steckt ebenso der Jugendliche, der wahrscheinlich auch früher von seinem zukünftigen Leben träumte und feststellen musste, dass vieles anders kam, als er sich das vorgestellt hatte. Will ich das bei meinem Vater und bei meiner Mutter entdecken und wirklich wahrnehmen?

Wenn jemand anfängt, die Eltern wirklich neu zu sehen, begegnet er der Liebe des kleinen Kindes in sich, das grenzenlos mit Vater und Mutter mitfühlt. Je verhärteter, je unglücklicher sie sind, umso mehr schmerzt dieses Mitgefühl und die Verbundenheit. Deswegen ist es leichter, zornig und vorwurfsvoll zu sein. Mit der Liebe liefert jemand sich aus.

Dann gilt es, die eigene Ähnlichkeit zuzugeben.
Kinder sind ihren Eltern in so vielem ähnlich. Diese Ähnlichkeit zuzugeben ist zunächst oft schwierig. Will Kerstin sehen, in welchen Punkten, gerade auch in der Beziehung, sie ihrer Mutter ähnelt? Wie empfindet sie den Satz von Markus »Du bist schon wie deine Mutter«? Als Kompliment? Doch wahrscheinlich nicht, sondern als schlimmen Vorwurf und Beleidigung – auch wenn etwas dran ist. Mag Markus entdecken, dass er sich ähnlich zurückzieht wie sein Vater?

In Familienaufstellungen schlage ich oft vor, zu Vater oder Mutter zu sagen: »Ich bin dir ähnlich.« Wobei eine konkrete Ähnlichkeit natürlich immer am klarsten wird: »Ich bin traurig wie du« oder »Ich bin zornig wie du«. Manchmal wird der vorgeschlagene Satz abgelehnt. Dann kommt der nächste Vorschlag: »Auch wenn es mir nicht passt – ich bin dir ähnlich.« Dieser Satz kann dann meist doch bejaht werden.

Schließlich gilt es, die Eltern zu achten.
»Achten« ist ein altmodisches Wort. Wäre »respektieren« nicht zeitgemäßer? Aber wenn man genau hinhört, bleibt ein Unterschied zwischen den beiden Wörtern. »Respekt« bleibt etwas förmlicher und zurückhaltender, bei »Achtung« wird die Verbindung stärker – auch mit sich selbst.

In Aufstellungen haben die Stellvertreter meist schnell einen Zugang zu diesem Wort und der inneren Haltung, die damit verbunden ist. Der wortlose Ausdruck davon ist eine bewusste Verneigung. Die Wirkung des stimmigen »Ich achte dich als meinen Vater –

als meine Mutter« oder auch »Ich achte dich und dein Schicksal« ist groß.

Achtung trennt. Wenn jemand vorher aus der mitfühlenden Liebe des Kindes heraus ähnlich wie Mutter und Vater sein wollte, dann entdeckt er sie jetzt mehr und mehr als Menschen, getrennt von sich selbst, Menschen mit einem eigenen Schicksal, das sie selbst tragen – ohne dass das Kind dabei helfen kann. Es tritt ein Stück zurück und ist nicht mehr blind wie zuvor verbunden, sondern neu durch die Achtung auf einer erwachseneren Ebene.

So könnte beispielsweise Markus sich seinen Vater innerlich vorstellen, ihm in die Augen sehen und ihm dann sagen: »Ich achte dich und die Beziehung, die du zu meiner Mutter hast.« Das ist sicherlich nicht leicht für Markus und mag ein großer Schritt für ihn sein. Dann verneigt er sich. Und wenn er ihn nun anschaut, kann er ihm sagen: »Bitte, schau freundlich auf mich, wenn ich eine erfüllte Beziehung führe.«

Solange die Kinder es »besser« machen wollen, kommt wenig Wohlwollen von den Eltern zurück, sondern eher ein schadenfrohes »Du kannst dir gern einbilden, es besser zu machen. Du wirst schon sehen ...«. Aber Eltern, die mit dem Leben, wie sie es geführt haben, geachtet sind, schauen freundlich und wohlwollend auf ihre Kinder, wenn die ihren eigenen Weg gehen.

Letztendlich ist die tiefste Begegnung, den Eltern für das Leben zu danken.

Manch einer hat viel Bitteres von Vater und Mutter erfahren. Wie soll er da die Eltern achten können?

Auch das Schrecklichste, was jemandem angetan wurde, ändert nichts an einer zentralen Tatsache. Das Leben ist durch die Eltern zu den Kindern geflossen – das ist das Allerwichtigste. Ein Kind schuldet Vater und Mutter den Dank für sein Leben, unabhängig von dem, was die Eltern sind und getan haben. Sätze, die das in Aufstellungen ausdrücken, sind: »Du bist mein Vater/meine Mutter. Durch dich habe ich das Leben bekommen. Das ist das größte Geschenk, und ich danke dir dafür.« Wenn das, was dem Kind angetan wurde, sehr schlimm ist, kann es hinzufügen: »Und ich lasse dir deine Verantwortung und Schuld.« Manchmal mag es sich dann sogar abwenden. Aber der Dank zuvor ist elementar.

Wenn ein Kind die Verbindung zu den Eltern aus Angst oder im Zorn abschneiden will, dann drängt es die Verbindung nur in den Untergrund. Ein starkes, unsichtbares Band bleibt.

Der Dank und die Achtung sind die Grundlagen der guten Lösung eines jeden Kindes von den Eltern.

Frage: »Was soll ich tun? Meine Eltern mischen sich noch immer in alles ein.«

Hellinger: »Deine Eltern dürfen sich einmischen, und du darfst tun, was du für richtig hältst.«[15]

»Ich brauche keinen Mann« – »Ich brauche keine Frau«

Die Verbindung mit unserer Familie geht aber noch weit über die Verbindung mit unseren Eltern hinaus. Wir sind nicht nur mit Vater und Mutter verbunden, sondern auch mit allen anderen Vorfahren, sehr stark und einschneidend mit denen, die in der Familie am Rande stehen oder ausgeklammert sind. Das sind häufig diejenigen, die ein besonders schlimmes Schicksal hatten, diejenigen, die früh gestorben sind, oder auch diejenigen, die von der Familie ausgeschlossen wurden. Wie Hellinger herausgefunden hat, gibt es in einer Familie meist einen Nachkommen, der dann ein ähnliches Schicksal auf sich nimmt. Das hat natürlich einen großen Einfluss auch auf sein Beziehungsleben.

Da die Verbindungen mit unserer Herkunftsfamilie ein solch großes und umfassendes Thema sind und ein eigenes Buch füllen, beschränke ich mich für das Paarthema auf zwei anschauliche Beispiele. Wer sich mehr für dieses Thema interessiert, findet am Ende des Kapitels Buchempfehlungen.

Die vierzigjährige Klientin kommt wegen einer großen inneren Unzufriedenheit. Sie lebt allein, hat außer einer kurzen Liebschaft in Jugendjahren nie eine Beziehung gehabt und auch nicht gewünscht. Schon recht früh war ihr klar: »Ich brauche keinen Mann.« Ihre Energie steckt sie in ihre Arbeit in einem Unternehmen. Sie ist dort beliebt und anerkannt.

Wenn jemandem von Anfang an klar ist, dass er allein bleiben will, ist die wichtige Frage nach den Ereignissen in der Geschichte der Familie, insbesondere ob es jemanden gibt, der ebenfalls allein geblieben ist. »Ja«, ist ihre Antwort. »Die Familie der Mutter meiner Mutter war sehr religiös gewesen, und eine der vielen Schwestern der Großmutter wurde schon früh dafür bestimmt, einmal ins Kloster zu gehen. Sie ging dann auch ins Kloster und ist dann irgendwann dort gestorben. Ich habe sie selbst nicht mehr kennen gelernt.«

In der Aufstellung wird neben den Eltern auch diese Großtante aufgestellt. Die Wirkung ist verblüffend. Die Stellvertreterin der Klientin schaut wie gebannt zu ihr hin, und es zeigt sich im Laufe der Aufstellung, dass eine ganz tiefe Liebe und Bindung zwischen beiden besteht. Freudig sagt die Großnichte zur Großtante: »Du bist nicht vergessen. Ich mache es so wie du und bleibe ohne Mann.«

Wer das erste Mal auf die Verbindungen in der Familie stößt, kann nur verblüfft sein. Ist so etwas überhaupt möglich? Wo Großnichte und Großtante sich nicht einmal persönlich kannten?

Aufstellungen zeigen immer wieder, dass persönliche Bekanntschaft für eine Verbindung innerhalb der Familie nicht notwendig ist. Ja, manchmal gibt es sogar jemanden, der in der Familie verschwiegen wurde – und trotzdem besteht eine Verbindung.

Die 65-jährige Familienforscherin und Soziologin Marianne Krull, die ein Buch über die Familie Thomas Manns veröffentlichte, stellt fest:

»Jede Familie hat Themen, die auf geheimnisvolle Weise in den Seelen der Menschen kraftvoll und dynamisch wirken. Es ist verblüffend, weil man es nicht so genau fassen kann: Es ist, als ob Kinder bestimmte Einflüsse und Kräfte osmotisch aufnehmen, selbst wenn sie noch nicht sprechen können.«[16]

Hilft es obiger Klientin denn, wenn sie sich der Verbindung jetzt bewusst ist? Ja, es ist ein erster wichtiger Schritt. Die folgenden Schritte entsprechen dann dem, was oben für die gute Lösung von den Eltern beschrieben wurde. Wieder ist der andere, hier die Großtante, als Gegenüber zu sehen und zu entdecken. Der lösende Schritt ist die Verneigung mit Achtung.

»Ich achte dich und dass du ein Leben lang ohne Mann geblieben bist. Bitte, schau freundlich auf mich, wenn ich mich auf einen guten Mann einlasse.«

Wie häufig solche Verbindungen sind, zeigt ein Blick in die Regenbogenpresse. Da gab es in England 1936 einen großen Skandal, als König Edward VIII. abdankte und den Thron aufgab, um eine geschiedene Frau zu heiraten. Seine Nichte Elizabeth II. dagegen wurde ein Muster an Pflichterfüllung. Aber Edward ist nicht vergessen. Es gibt Nachkommen, die mit ihm verbunden scheinen. Prinz Charles gefährdete seine Thronfolge, ähnlich wie sein Großonkel, wegen der Beziehung zu einer mittlerweile geschiedenen Frau.[17] Oder man betrachtet die Geschichte der Familie Kennedy unter diesem Blickwinkel und kann nur staunen über die Verbindungen.

Aber auch wenn niemand mit einer ähnlichen Geschichte bei den Vorfahren gefunden wird, können Hindernisse für eine dauerhafte Beziehung aus der Familie stammen. Die folgende Situation ist gar nicht so selten.

Der Klient ist Mitte dreißig und wünscht sich endlich eine gute Beziehung, die dauert. Er ist temperamentvoll und charmant und hat schon viele Beziehungen gehabt. Allerdings verliebt er sich regelmäßig nach einiger Zeit in jemand Neues.

Zu seinem Vater hat er kein gutes Verhältnis, zur Mutter hingegen schon. Er ist ihr Lieblingskind. Bei einer solchen Sachlage ist eine wichtige Frage, ob vielleicht die Mutter eine Liebe vor dem Vater gehabt hatte. »Ja. Da gab es eine Jugendliebe, mit der meine Mutter zwei Jahre zusammen war. Aber dann verliebte sich dieser Mann in eine andere Frau, und die Beziehung zerbrach.«

In der Aufstellung wird neben dem Klienten, Vater und Mutter auch diese Jugendliebe aufgestellt. Zwei starke Verbindungen zeigen sich. Die Mutter hängt noch an der Jugendliebe, und der Sohn fühlt sich sehr mit diesem fremden Mann verbunden. Er möchte den Platz neben diesem Mann einnehmen und fühlt sich dort sehr wohl.

Eine der wichtigen Entdeckungen von Hellinger war, dass eine erste Liebe in einer späteren Familie regelmäßig durch ein Kind vertreten wird, die frühere Frau meist durch eine Lieblingstochter, der frühere Mann durch einen Sohn wie hier.

Der Sohn in dieser Familie vertritt den ersten Mann der Mutter zum Teil. Damit wird dieser Sohn zum Liebling der Mutter und hat einen besonders engen, vertrauten Kontakt mit ihr – wie die erste Liebe damals. Ein Hauch dieses ehemaligen Liebesverhältnisses ist in der Familie spürbar. Der Sohn ist wie eine kleine Liebe.

Für diese Sonderstellung bezahlt er aber einen hohen Preis. Denn er verliert dadurch die Nähe zum Vater. Er fühlt sich nicht wie ein Kind ihm gegenüber, sondern fast ebenbürtig oder sogar besser. Der Vater kommt mit seinem Sohn nicht zurecht und verschließt sein Herz vor dem Kind. Die gute männliche Kraft, die für eine befriedigende, dauerhafte Beziehung nötig ist, kommt nicht ins Fließen.

Hier ist zur Lösung erforderlich, dass die erste Liebe wieder gesehen wird und einen Platz in der Familie bekommt. Dazu genügt es, wenn der Klient diesem Mann in *seinem* Bild der Familie einen Platz gibt, er braucht Mutter und Vater nicht dazu. Dann muss er diesen Mann nicht mehr vertreten.

Aber zusätzlich steht noch ein schwieriger Schritt an: die Versöhnung mit dem Vater. Sätze, die dazu erforderlich sind, können in einer Aufstellung sein: »Ich habe mich immer besser als du gefühlt und mich über dich gestellt. Es tut mir Leid. Bitte, nimm mich jetzt als dein Kind an.« Wenn das stimmig und wahr ist, geht das Herz des Vaters auf, und er kann den Sohn jetzt als Kind annehmen.

Den Schwiegereltern kann man nicht entkommen

Solange die Schwiegermutter lebt, so lang, Hausfriede, lebe wohl.
Juvenal

Wenn kein Kind den eigenen Eltern entkommt, dann kann es auch nicht den Eltern seines Partners entkommen. Denn so wie es selbst ist auch der Partner mit seinen eigenen Eltern verbunden.

Blenden wir zurück, als Kerstin und Markus das erste Mal gemeinsam in einen längeren Urlaub fahren wollten.

»Wir könnten in Frankreich campen«, meint Markus unternehmungslustig. Kerstin findet das gar nicht so toll. »Aber das muss doch nicht sein. Wir können uns doch eine einfache Pension leisten.« – »Aber es geht doch nicht ums Geld«, meint Markus, »wir sind früher immer gecampt, und das war stets ein starker Urlaub.« – »Also«, entgegnet Kerstin, »meine Mutter fand Camping etwas für Arme oder Geizige, und wir sind immer in möglichst guten Hotels abgestiegen.« – »Langweilig«, fährt es da Markus heraus, und um ein Haar wäre es zu einem richtigen Streit gekommen.

Schließlich konnten sie sich dann doch auf eine Ferienwohnung einigen…

Kerstin und Markus waren damals leicht geschockt. Jeder von ihnen hatte eine klare Vorstellung davon, wie ein angenehmer Urlaub zu verbringen ist. Natürlich so, wie sie es von ihrer Familie her kennen! Und jetzt hat der Partner, mit dem einen doch so viel verbindet, ganz andere Ideen. Das ist wie ein Guss mit eiskaltem Wasser.

Beide halten vieles (natürlich nicht alles!), was sie von ihrer Familie kennen, selbstverständlich für richtig. Deshalb wollen sie vieles genauso weitermachen. Aber der andere will nicht! Angesichts dieser Enttäuschung ist es das Einfachste, dem Partner bösen Willen zu unterstellen oder seine Ideen abzuwerten. Die Schwiegereltern, ja mehr noch – die ganze Familie des Partners wird immer mit in die Partnerschaft genommen, »mitgeheiratet«.

Hellinger: »Wenn ein Paar zusammenfindet, haben die Partner gewisse Anfangsschwierigkeiten. Sie kommen häufig daher, dass beide aus verschiedenen Familien stammen. Während meiner jahrzehntelangen therapeutischen Arbeit mit Einzelnen und mit Paaren habe ich beobachtet, wie das Gewissen wirkt: Es sagt nichts aus über Gut und Böse! Denn sonst könnten ja nicht so viele Menschen guten Gewissens so viel Böses anrichten.

Die wichtigste Funktion des Gewissens ist, dass es das Kind an seine Familie bindet. Das Gewissen reagiert ganz fein auf das, was das Kind tun oder lassen muss, damit es zu dieser Familie gehört. Deswegen hat ein Kind ein gutes Gewissen, wenn es sich so verhält, dass es zu seiner Familie gehören darf. Es hat jedoch ein schlechtes Gewissen, wenn es etwas tut, von dem es fürchten muss, dass dadurch sein Recht auf Zugehörigkeit gefährdet wird. Was jedoch in der einen Familie als Bedingung der Zugehörigkeit angesehen wird, gefährdet in einer anderen Familie das Recht auf Zugehörigkeit.

Zum Beispiel gehörte es früher in bestimmten Familien dazu, dass man katholisch ist. Wer von diesem Glauben abfiel, wurde aus der Familie ausgestoßen. In bestimmten protestantischen Familien war es eine Bedingung der Zugehörigkeit, dass man protestantisch war. Wenn ein Partner aus einer katholisch geprägten Familie und der andere aus einer protestantisch geprägten Familie kam, dann hatten oft beide ein schlechtes Gewissen wegen ihrer Partnerschaft. Sie fürchteten, dass sie ihre Zugehörigkeit zu ihren Ursprungsfamilien verloren hatten. Oft begann zwischen diesen Partnern ein geheimer Kampf, bei dem es darum ging, welche Religion den Sieg davontragen wird.

Damit eine Paarbeziehung gelingt, muss jeder der Partner seine eigene Familie verlassen. Nicht nur im äußeren Sinne, sondern jeder muss auch einige Prinzipien, die in seiner Familie gelten, lassen und mit seinem Partner neue Prinzipien aushandeln, die sozusagen beiden Familien gerecht werden. Auf dieser neuen Ebene kann das Paar eine innige Beziehung leben.

Manche sagen: ›Meine Familie ist okay, aber die des Partners ist schlecht.‹ Das wirkt wie ein Gift für die Paarbeziehung. Wer einen Partner heiratet, der muss die Familie des anderen mitheiraten. Das heißt, er muss die Familie des Partners achten und lieben, als wäre es der Partner selbst. Nur dann kann diese Liebe gelingen.«[18]

Wenn es um die tatsächlichen Schwiegereltern geht, zeigt sich die Bedeutung der Eheschließung. Vor der Ehe können die Eltern und die Verwandtschaft leichter auf Abstand gehalten werden bzw. halten sich selbst mehr zurück. Mit der Eheschließung kommen beide Familien stärker zusammen mit den Annehmlichkeiten und Schwierigkeiten.

Es ist nicht immer leicht, auch direkt und persönlich mit den Schwiegereltern auszukommen. Wenn es Ärger und Schwierigkeiten gibt, habe ich in meiner Arbeit regelmäßig festgestellt, dass es eine von den folgenden drei Ursachen sein kann, die sich manchmal auch mischen.

Ausgangsbeispiel: Die Schwiegertochter ist auf die Schwiegermutter zornig.

Es könnte einmal sein, dass die Schwiegermutter die Schwiegertochter tatsächlich schwer gekränkt oder beleidigt hat. Dann ist der Zorn ihr gegenüber angemessen, und niemand wird sich wundern.

Manchmal gibt es einen Zorn auf die eigene Mutter, den die Tochter sich nicht zugesteht. Dafür ist sie lieber bei der Schwiegermutter ärgerlich.

Schließlich kann auch der Mann noch ein Stück weit »unter der Fuchtel« seiner Mutter stehen, und die Frau fühlt sich von ihm im Stich gelassen. Statt sich über ihn zu ärgern – er wäre der angemessene Adressat des Zornes –, schimpft sie lieber über die Schwiegermutter.

Zum Schluss dieses Abschnitts noch eine Passage aus Jay Haleys satirischem Artikel »Wie man eine schreckliche Ehe führt«:

»Normalerweise streitet man im ersten Stadium der Ehe über die Verwandten. Kinder sind noch nicht verfügbar, und für romantische Liebhaber ist es noch zu früh. Also konzentriert man sich auf die Schwiegereltern. Dies ist einer der sichersten Wege, um Schwierigkeiten zu bekommen. Ob man in den Ferien zu ihrer oder zu seiner Familie fährt, kann schon einen ganz netten Streit auslösen. Wenn die Eltern dem jungen Paar ein Haus kaufen oder Geld dazu beisteuern, sind diese natürlich verpflichtet, in ihrer Nähe zu bleiben. Mit der Erweiterung der Familienbeziehung wächst garantiert auch die Spannung innerhalb der Ehe. Ohne Einbeziehung der Schwiegereltern wird ein Streit nur selten produktiv verlaufen. Dessen eingedenk sollte die Frau nach Möglichkeit darauf bestehen, dass ihr Ehemann einen Job in der Firma ihres Vaters annimmt. Neue Streitigkeiten entstehen, sobald sich ihr Vater in ihre Ehe einmischt. Jede Klage des Ehemannes über seine Arbeit kann sie als Kritik an ihrer Familie auffassen und behaupten, dass sie finanziell ja nie überleben könnten, wenn ihr Vater den unfähigen Ehemann nicht gerettet hätte.«[19]

Zum Anregen

Inwieweit sind Sie dem Glück und Unglück Ihrer Eltern treu? Stimmt diese Aussage auch für Ihr Beziehungsleben?

Inwieweit gibt es schlimme Schicksale in Ihrer Familie? – Gibt es jemanden, der ausgeklammert oder vergessen worden ist?

An Folgendem kann man erkennen, ob noch *kein* gelöstes, gutes und angemessenes Verhältnis zu den eigenen Eltern besteht:

- wenn das Kind genau das tut, was die Eltern von ihm wollen oder wollten,
- wenn das Kind genau das Gegenteil tut von dem, was die Eltern von ihm wollen oder wollten,
- wenn das Kind den Kontakt mit den Eltern abgebrochen hat,
- wenn das Kind immer noch hofft, erwartet oder sich darum bemüht, dass seine Eltern sich ändern.[20]

Trifft für Sie davon etwas zu?

Weiterführende Lektüre

Hellinger, Bert, und Gabriele ten Hövel, *Anerkennen, was ist. Gespräche über Verstrickung und Lösung*, Kösel, München 1996. Über ein spannendes Interview ein lebendiger Einstieg in das Denken Bert Hellingers.

Ulsamer, Bertold, *Ohne Wurzeln keine Flügel. Die systemische Therapie von Bert Hellinger*, Goldmann, München 1999. Eine umfassende und leicht lesbare Einführung in die »Ordnungen der Liebe«.

Neuhauser, Johannes (Hg.), *Wie Liebe gelingt. Die Paartherapie Bert Hellingers*, Carl-Auer-Systeme, Heidelberg 1999 (auch alle anderen Paarbücher von Hellinger, siehe Literaturverzeichnis). Die praktische Arbeit von Hellinger mit Paaren, wobei ganz viele Paarthemen berührt werden.

Kapitel 2

Wo ist der Seelenpartner?

Es ist vergeblich Liebesmüh, beim Küssen die Augen zu schließen. Früher oder später gehen sie einem doch auf.

Graffito

Wenn eine Beziehung beginnt, werden die meisten von uns romantisch. Hoffnungslos romantisch! Natürlich gibt es an der Oberfläche den aufgeklärten Verstand, der doch gut weiß, wie das andere Geschlecht in Wahrheit ist, und der penetrant an die bisher gemachten Erfahrungen erinnert. Doch tief drinnen brennt ein kleines unzerstörbares Flämmchen.

Kerstin und Markus haben sich wieder versöhnt. Nach dem großen Streit brachte am nächsten Abend Markus (endlich wieder einmal) einen Strauß Rosen mit nach Hause. Wortlos und etwas vorsichtig hielt er ihn Kerstin hin. Einen winzigen Moment überlegte sie noch, dann nahm sie den Strauß, legte ihn zur Seite und umarmte Markus. Pfff! Beide atmeten erleichtert aus.

Dann, nach dem großen griechischen Salat, den sie gemeinsam in der Küche zubereiteten, öffneten sie eine Flasche besonders guten Weins. Sie setzten sich auf den kleinen Balkon und hatten seit langem wieder einmal ein gutes Gespräch, bei dem sie sich gegenseitig zuhör-

ten. Markus gelobte feierlich Besserung und dass er gern einmal in der Woche mit Kerstin ausgehen werde. Kerstin war ganz gerührt und freute sich so darüber. Je später der Abend, je leerer die Flasche Wein, desto zärtlicher wurde die gemeinsame Stimmung. »Ich bin so froh, dass ich mit dir zusammen bin.« – »Ich will niemals einen anderen.« – »Du bist die einzige Frau für mich.« – »Mein Ein und Alles!« Selbst ihre ganz alten Koseworte kamen wieder über die Lippen. (Aber die sollen hier nicht erwähnt werden, sondern geheim bleiben.)

Was lässt uns unseren Partner mit verklärten Augen anschauen? Was sind die Wurzeln unserer Romantik?

»Wir wollen niemals auseinander gehn …«

Hoffnung trübt den Blick.[21]
Bert Hellinger

In jeder glücklichen Beziehung ist der Traum, der Wunsch und die Sehnsucht, dass die Beziehung – wenn sie schon nicht ewig dauern kann – wenigstens »bis zum Ende unserer Tage« dauern möchte. »Will you still need me, will you still feed me when I'm sixty four?« (Wirst du mich noch brauchen, wirst du mich noch nähren, wenn ich vierundsechzig bin?) So heißt es in einem berühmten Song der Beatles.

Aufstellungen wirken hier manchmal sehr ernüchternd. In der Arbeit mit Aufstellungen zeigt es sich, dass es zwei grundsätzliche Beziehungen gibt: die von Kindern zu Eltern (und umgekehrt) und die Beziehung eines Paares.

In der Beziehung von Eltern und Kindern ist – in der Sprache der Aufstellungen – einer »groß« und der andere »klein«. Die Großen, Vater und Mutter, tragen die Lasten ihres Lebens und die Lasten, die über ihre Herkunftsfamilie an sie weitergegeben worden sind. Das Kind achtet sie, kann entspannen und sich geborgen fühlen.

In der Beziehung eines Paares sind beide gleich. Keiner ist »groß«, keiner »klein«. Beides sind Menschen, ein Mann und eine Frau, die sich »gepaart« haben. Dieses Verhältnis hat eine ganz bestimmte erwachsene Qualität. In der Aufstellung stehen sie nebeneinander, sie sind gleichwertig und sehen sich.

Eine 65-jährige Frau kommt zu einer Gruppe, sie ist sehr zurückhaltend. Sie möchte das schwierige Verhältnis mit ihrem Mann klären. Sie hat mit ihm zwei Kinder und ist 34 Jahre verheiratet.

In der Aufstellung stehen Mann und Frau Seite an Seite, aber sie sehen sich nicht an. Deshalb lasse ich sie sich gegenübertreten und die Frau sagen: »Ich sehe dich jetzt.« Ich schaue von der Seite genau hin und stelle fest, dass sie zwar hinschaut, aber wie durch den Mann hindurch mit einem Blick in die Ferne. Regelmäßig steht in einer Aufstellung da jemand anders, zu dem geschaut wird. Ich stelle einen Mann ein Stück in die Ferne. Sie strahlt ihn an.

Ich erkundige mich nach der Familiengeschichte,

und sie berichtet, dass sie nichtehelich geboren ist und ihren Vater nie kennen gelernt hat. Ich benenne die bisher unbekannte Person als ihren Vater. Denn mit einer solchen Geschichte ist immer eine enorme Sehnsucht nach dem Vater verbunden, der dann überall gesucht wird.

Ein wichtiger Schritt ist jetzt, dass sie mehrmals vom Mann zum Vater und wieder zurück schaut, um beide unterscheiden zu lernen. Sie schaut dann ihren Mann an und sagt spontan: »Es ist, als ob ich ihn jetzt das erste Mal sehe.«

Dies ist ein extremes Beispiel von einer Dynamik, die sich nach meiner Erfahrung in allen Paaren mehr oder weniger abspielt. Wir sehen den andern nicht richtig, nicht wirklich, sondern sein Bild wird überlagert von Vater und Mutter. Im Laufe unserer Beziehungserfahrungen werden wir nüchterner und reifer – das kann aber sehr lange dauern – und lernen, den Partner langsam vom Bild von Vater und Mutter zu unterscheiden. Zu Beginn der Verliebtheit ist die Illusion am stärksten.

Hellinger: »Verliebtheit heißt, genau genommen: Ich sehe den anderen nicht. Ich bin angezogen von einem Bild, von einer Sehnsucht in meiner Seele. Dieses Bild und diese Sehnsucht gelten zutiefst der Mutter. Es ist die Sehnsucht nach Verschmelzung mit der Mutter. Das gilt sowohl für den Mann wie für die Frau. In dieser Verschmelzung gibt man sich auf, sozusagen, aber mit dem Gefühl, aufgefangen zu werden von einer gewaltigen Kraft, in der man vergeht – und das ist die

Mutter und das, was wir mit dem Bild und dem Gefühl der Mutter verbinden... Liebe ist anders. Liebe sieht den anderen, wie er oder sie ist, völlig anders als die Mutter zum Beispiel. Sie sieht, dass der andere unverwechselbar ist und dass man ihn nicht ändern kann oder darf. Indem ich dem anderen so gegenübertrete und ihn so sehe, erkenne ich auch mich als unverwechselbar.«[22]

Nach einiger Zeit taucht bei der Frau mehr die Suche nach dem Vater auf. Ein weiteres Beispiel macht die gesamte Dynamik noch einmal anschaulich.

Ein Paar kommt zur Gruppe. Beide sind der Ansicht, der andere hänge noch an früheren Partnern. Der Mann hatte vorher vier Partnerinnen, die Frau drei Partner.

In der Aufstellung stehen beide nebeneinander, sehen sich nicht an und fühlen sich angespannt. Ich stelle seine Mutter und ihren Vater dazu. Er fühlt sich niedergedrückt von der Mutter, sie fühlt sich ihrem Vater gegenüber sehr besitzergreifend.

Jetzt stelle ich noch die früheren Partner hinzu. Der Mann schaut sich seine früheren Frauen an und findet zunächst, dass sie alle sehr gleich aussehen. Bei der ersten kommt dann eine persönlichere Reaktion: Er fühlt sich von ihr niedergedrückt. Die Frau findet ihn schwach. Als die zweite freundlich zu ihm schaut, fühlt er sich sofort angezogen. Jetzt stelle ich seine Mutter hinter seine Frauen. Er strahlt die Mutter an.

Seine Partnerin schaut mit ganz unterschiedlichen

Gefühlen zu den drei verflossenen Männern. Dem ersten Mann fühlt sie sich überlegen, der Mann ist voller Schmerz und fühlt sich schwach. Beim zweiten Mann gibt es eine Pattsituation: Sie fühlt sich ihm überlegen, und er fühlt sich ihr überlegen. Hier ist eine kämpferische Stimmung. Dem dritten Mann gegenüber fühlt sie sich unterlegen. Sie empfindet ihn als überlegen. Zu ihm schaut sie hoch und er auf sie herab.

Ich stelle ihren Vater hinter die Männer. Sie schaut zum Vater und stellt fest, dass sie diese drei unterschiedlichen Haltungen auch ihm gegenüber hat: von der Verachtung über die Ebenbürtigkeit bis zum Hochschauen.

Der weitere Verlauf war noch kompliziert, es kommt auch zu keiner Lösung. Aber Wesentliches wurde sichtbar: wie Vater und Mutter unseren Blick auf Partner und Partnerin bestimmen, überstrahlen und verzerren. – Noch ein Beispiel:

Die Frau steht an der Seite des Mannes, beide schauen in die gleiche Richtung. Sie spürt Wärme. Dann äußert sie den Wunsch, sich anzulehnen. Sie lehnt ihren Kopf auf die Schulter des Manns.

Wieder scheint es ein rührendes Bild inniger Verbundenheit zu sein. Aber sie schauen sich nicht an – sie spüren sich nur. Die Frau empfindet dabei »Wärme«. Das ist in einer Aufstellung so nicht unbedingt der Mann-Frau-Beziehung angemessen. Dazu passt, dass sie sich anlehnen möchte – das ist der Beziehung der

Kinder zu den Eltern angemessen. (Bitte unterscheiden Sie unser angemessenes Verhalten im Alltag vom Verhalten in Aufstellungen. Dort hat es oft eine andere, grundsätzlichere Bedeutung.) Die Fortsetzung dieser Aufstellung bestätigt das denn auch.

Der Mann, an den sich die Frau anlehnt, fühlt sich unter Druck. Ich gebe ihm den Satz vor: »Ich bin nur dein Mann – mehr nicht.« Er fühlt sich nach diesem Satz erleichtert, ein Stück befreit und kraftvoller. Auch die Frau richtet sich jetzt auf. Beide schauen sich an.

»Ich bin *nur* dein Mann – mehr nicht.« Damit ist gemeint: Ich bin weder dein Vater noch dein Kind, sondern nur der Mann. Dieses »nur« befreit und erleichtert. Es macht die Beziehung klarer und eindeutiger.

»Ich werde immer für dich da sein.« – »Ich werde dich nie verlassen.« – »Du bist der/die Einzige für mich und wirst es immer sein.« Alle diese Aussagen gehören zu der Beziehung zwischen Kindern und Eltern. Deutsche Schlager spiegeln am eindrücklichsten diese Gedanken und Gefühle wider: »Wir wollen niemals auseinander gehn, wir wollen immer zueinander stehn …« Hellinger betont, dass es nicht den einen wahren Partner gibt. Im Gegenteil: Wer seinen Partner zu dem einzigen erklärt (»Wenn du mich verlässt, das würde ich nicht überleben«), der belastet die Beziehung. Diese Abhängigkeit ist dem Verhältnis zwischen Kind und Eltern angemessen, nicht aber zwischen Erwachsenen. Stattdessen gelte, dass der richtige Mann und die richtige Frau selten zu finden sind. Der gute Mann und die gute Frau sind für gewöhnlich genug.

Das Band zwischen Kindern und Eltern ist unzerstörbar, das zwischen einem Paar ist es nicht. Hier braucht es zwei Erwachsene, die eine Beziehung achten, pflegen und schützen. Das Kind geht sorglos damit um, in der festen Überzeugung, dass es unzerstörbar ist – bis es nach einer Trennung geschockt ein Stück aus den Träumen aufwacht.

Ich habe inzwischen einen hilfreichen Satz entdeckt, der in Aufstellungen auch ein sehr verschmolzenes Paar wieder mehr auf den Boden bringt:

Mann und Frau schauen sich mit großen Kinderaugen träumerisch an. Dann sagt auf meinen Vorschlag der Mann zur Frau: »Du bist nur eine Frau – und von euch gibt es viele.« Dann sagt es die Frau zurück: »Du bist nur ein Mann – und von euch gibt es viele.«

Bei beiden scheint es, als würden sie aufwachen. Sie schauen sich um, sind erleichtert, lachen sich an und freuen sich miteinander.

Aber nicht immer wirken solche Sätze, manchmal ist ihre Überzeugungskraft nicht groß genug. Dann muss man auf der Suche nach der Lösung mehr in die Tiefe schauen.

Väter und Töchter – Mütter und Söhne

> Morgens kuschle ich immer mit Mama, da mag ich keine anderen Männer im Bett.
>
> *Kinderzitat*

> Das Töchterchen energisch zur Mama: »*Ich* will jetzt mit Papa schmusen – du kennst ihn ja schon länger als ich.«
>
> *Kinderzitat*

Alle Kinder tragen in ihren Familien mit, mehr oder weniger. Nicht nur die Kinder brauchen die Eltern, auch die Eltern brauchen die Kinder.

Dabei gibt es ein natürliches Band des gleichen Geschlechts. Die Tochter solidarisiert sich mit der Mutter, der Sohn mit dem Vater. »Unter Frauen« bzw. »unter Männern« wird das Kind dann bisweilen ein Stück weit als Vertrauter benutzt. Dann gibt es auch die Beziehungen »über Kreuz«, und über die will ich im Folgenden näher berichten.

Schauen wir uns ein Beispiel an, das mich als Mann natürlich besonders interessiert. Bisher wurde es noch wenig erforscht: das besondere Verhältnis zwischen Müttern und Söhnen, dem sich Gerhard Amendt, Professor und Sexualforscher in Bremen, widmet.

Während die Öffentlichkeit inzwischen sehr hellhörig für unangemessene Beziehungen zwischen Vätern und Töchtern ist, wird die Beziehung von Müttern zu Söhnen völlig ausgespart. Einsichten verdanke ich – neben Aufstellungen – insbesondere zwei Büchern und einem Artikel von Gerhard Amendt, von dem ich den

Titel zitieren möchte: »Die Rache der Muttersöhne. Warum aus Mamas Liebling auch wieder nur ein ganz normaler Mann wird: ein Brotverdiener – und ein Frauenfeind«.

Für ein Forschungsprojekt wurden 505 deutsche Männer im Alter zwischen 25 und 45 Jahren über die Beziehung zu ihren Müttern befragt. Prompt stießen die Forscher auf bislang unerhelltes Terrain im Familienalltag und entdeckten das Phänomen der allein erziehenden Mutter in vollständigen Familien. Was es ausmacht? Amendt beschreibt es im Detail:

> »Es ist die Mutter, die den Wunsch der Söhne nach Väterlichkeit erstickt und die den Vater auf die Rolle des zwar oft gescholtenen, aber dennoch zuverlässigen und gestandenen Brotverdieners zurückstutzt. Er soll den Konsum garantieren – mehr nicht. Viele Mütter verhalten sich, als hätte ein böser Lebensgefährte sie mit ihren Kindern allein sitzen lassen und ihr Leben zerstört. Aus den Interviews mit den Männern haben wir auch erfahren, dass gut die Hälfte aller Mütter zu ihren Söhnen eine eigentümliche Beziehung pflegt: Sie machen die Söhne zu Vertrauten und zu Tröstern in allen Lebenslagen. Ist der Partner nicht zärtlich oder nicht aufmerksam genug oder in den Augen seiner Gattin sowieso nur ein Versager, muss der Sohn als mother's little helper einspringen. Außerdem soll er seine Mutter, zumal wenn sie Hausfrau ist, für entgangenen gesellschaftlichen Erfolg entschädigen. Der Sohn muss trösten und wird dann zum Vertrauten. Die Mutter lässt ihn nur allzu oft an ihren Stimmungen teilhaben,

an ihren Sehnsüchten und an ihren Enttäuschungen. Daraus erwachsen dem Sohn peinliche Intimitäten. In besonders schwer wiegenden Fällen verlangt sie von ihm sogar, dass er sie auch körperlich tröstet. Das tun Mütter, die sich selbst als sexuell unbefriedigt beschreiben. Der sexuelle Missbrauch ist ein Einzelfall, und doch beginnt das Malheur, wenn ein Vertrauensverhältnis zwischen Mutter und Sohn entsteht. Davon sollte man sinnvollerweise nur reden, wenn zwei Menschen halbwegs gleich gestellt sind, was Geist und Gefühl angeht. Alles Asymmetrische steht einem solchen Verhältnis im Weg. Manchmal kann sich der Schwächere dem Stärkeren anvertrauen. Aber nicht umgekehrt. Ein Vertrauten-Verhältnis zwischen einem Kind und einem Elternteil ist immer eine missbräuchliche Beziehung. Vertraut sich eine Mutter ihrem Sohn an, verkehren sich die Rollen. Das Kind wird zum Überlegenen. Dadurch ist es überfordert.«[23]

In den letzten Jahren kommt diese Thematik in meinen Aufstellungen ebenfalls immer mehr ans Licht. Reaktionen der Stellvertreter in Aufstellungen zeigen, wie das Unangemessene aussieht.

Vater und Mutter stehen zunächst einander abgewandt. Der dritte Sohn fühlt sich viel stärker und besser als der Vater. Ich gebe ihm als Satz vor: »Ich fühle mich viel besser und stärker als du.« Der Sohn sagt das zum Vater und stimmt dem zu. Danach lasse ich ihn zur Mutter schauen und sagen: »Nicht wahr, Mama?« Und die Mutter nickt spontan.

Amendt spricht davon, wie die kleinen Männer, die Söhne also, für ihre Mütter zur Quelle lebenslanger Sinnstiftung werden und sie sie zu idealen Männern modellieren wollen. Sollen also wieder einmal die Mütter an allem schuld sein? Wissen wir damit, warum es in so vielen Familien schief läuft? Aber mit einer solchen einfachen Schuldzuweisung werden wir den Dynamiken in Familien nicht gerecht, wie die Fortsetzung obiger Aufstellung zeigt.

Die Mutter hat keine Achtung für ihren Mann, sie findet, er sei ein Schwächling.

Ich stelle ihren Vater dazu. Plötzlich ist sie wie umgewandelt, sie schaut ihren Vater wie gebannt an. Der Satz, der sich hier als stimmig erweist, ist: »Ich tu alles für dich, Papa.«

Wir erleben also in dieser Familie: Der Sohn wird vergöttert, der Mann verachtet, der eigene Vater verehrt. Oder von der Seite der Männer aus formuliert: Die Tochter dient als Trost, vor der Ehefrau zieht man sich zurück, und gleichzeitig bleibt man im Bann der Mutter.

Folgende Dynamik zeigt sich immer wieder. Nehmen wir als Beispiel einen Mann, der stark an seine Mutter gebunden ist, sich deshalb nicht ganz der eigenen Frau öffnet, sodass er und sie frustriert sind. Ich habe kürzlich in einem Italienführer gelesen, dass eine italienische Familientherapeutin von den italienischen Männern sagt, die Bindung zwischen Mutter und Sohn sei eine lebenslange Liebesbeziehung, wo die Schwiegertochter mit ihren Besitzansprüchen nur störe. Das ist vermutlich nicht nur in Italien so verbreitet.

Haben beide eine Tochter, dann wird diese Tochter das Lieblingskind des Vaters. Bei ihr kann er sein Liebesbedürfnis ungefährdet zeigen. Sie wird die kleine Vertraute und Trösterin. Gleichzeitig entfremdet sie das ihrer Mutter, weil sie so etwas wie eine kleine Rivalin darstellt. Ein solche Tochter fühlt sich innerlich auch besser als ihre Mutter, denn das Kind denkt sich insgeheim: »Eigentlich verstehe ich den Papa viel besser als die Mama. Ich wäre viel besser für ihn.«

Später als Frau bleibt sie an ihren Vater gebunden und kann sich deshalb nicht ganz auf ihren Mann einlassen. So bleibt ein Teil unerfüllt. Hat sie einen Sohn, dann springt wiederum dieser in die Bresche. Er wird zum Lieblingssohn und Vertrauten. Ein solcher Mann bleibt später stark an die Mutter gebunden und findet eine vertraute Lieblingstochter und so weiter, und so fort – die Spirale geht weiter.

Was wir dabei sehen: Es gibt kein Geschlecht, das schuldig ist, und keines, das unschuldig ist. Hinter dem missbräuchlichen Mann, der sein Kind zum Trost benutzt, steht eine Mutter, die ihn genauso benutzt hat. Und hinter dieser Mutter steht wiederum ein Vater, der sich von ihr trösten ließ. Und dahinter wieder eine Mutter – und so fort.

Was ist hier die Lösung?

Die Klientin hat eine überstarke Bindung an den Vater. In der Aufstellung steht sie ihm gegenüber. Der Vater schaut sie an und sagt: »Ich bin der Vater, und du bist das Kind. Ich bin der Große, und du bist die Kleine. Wenn ich dich zu meiner Stütze benutze, ist das nicht richtig.« Jetzt spürt der Vater selbst, dass er das Kind ungut belastet hat. Daraus ergibt sich der nächste Satz: »Es tut mir Leid.«

Aber die Lösung kann auch von der Tochter ausgehen. Sie sagt zum Vater: »Ich achte dich und deine Not und deine Einsamkeit.« Man kann sehen, wie schwer das fällt, den Vater damit allein zu lassen. Dann verneigt sich das Kind und sagt noch: »Ich bin nur das Kind.«

Diese Sätze sind für beide, für den Vater und die Tochter, erleichternd. Sie befreien und geben gleichzeitig Kraft. Der Vater fühlt sich plötzlich stärker, »größer«, sie fühlt ihre Verantwortung für ihr eigenes Leben. Das Kind ist erleichtert. Es fühlt sich mehr als Kind, weil die Bürde, die durch das Vertrauen auf ihm lastet, wieder von seinen Schultern genommen wird.

Manchmal sind auch andere Dynamiken in diesem Beziehungsfeld so wichtig, dass sie angesprochen werden müssen. Nehmen wir jetzt einen Sohn, der der Vertraute der Mutter war (das Entsprechende gilt auch für die Beziehung Vater–Tochter). Ein solcher Sohn fühlt sich insgeheim dem Vater überlegen. »Ich versteh die Mama ja viel besser als der Papa. Ich bin viel besser.« So verhindert er eine gute Beziehung zum Vater. Auf diese Weise schneidet er sich vom Vater und damit auch von einer guten männlichen Kraft ab. Wenn ein solcher Sohn in einer Aufstellung dem Vater begegnet, ist es wichtig, dass er von seinem hohen Ross herabsteigt und wieder zum Kind wird. Sätze, die das ausdrücken, können sein: »Ich habe mich über dich gestellt. Und das tut mir Leid. Ich bin nur das Kind.« Wenn die Sätze stimmig und ehrlich sind, dann ist eine tiefe, achtungsvolle Verneigung, manchmal bis zum Boden, der angemessene Ausdruck dieser Worte. Dann geht das Herz des Vaters auf, und er kann den Sohn als Kind annehmen und stärken.

Auch wenn die Eltern zu den eigenen Kindern schauen, tauchen die Elternbilder wieder auf. Da sieht der Vater im Sohn seinen Vater, in der Tochter seine Mutter; oder die Mutter entdeckt im Sohn ihren Vater, in der Tochter ihre Mutter wieder. Dann taucht hier der Wunsch auf, beim Kind klein und bedürftig zu werden.

Die Sehnsucht kann auch kippen in Zorn. Gerade wenn jemand gewalttätig wird, verschwimmt das Bild des Kindes vor ihm. Stattdessen sieht er im Kind den Elternteil, der ihm damals all diese Schmerzen zufügte. Vater oder Mutter erleben sich in solchen Momenten des Zorns selbst wieder als Kind. Blind vor Wut bekommt dann das Kind das ab, was eigentlich den eigenen Eltern gilt. Plötzlich verwechseln sie das Kind mit Vater oder Mutter.

Das geschieht in allen Familien – mehr oder weniger. Es gehört sozusagen mit zur menschlichen Grundausstattung. Kinder sind dabei immer »größer«, als es der bestmöglichen Ordnung entsprechen würde.

Kinder werden mit in die Spannungen, die zwischen den Eltern bestehen, hineingezogen – als Verbündete, als Puffer oder als Faustpfand.

So ist Kerstin die Vertraute der Mutter. Die Mutter braucht den Kontakt mit ihr, hat ihn schon immer gebraucht. Markus fühlt sich als Kumpel seines Vaters, mit ihm ebenbürtig. Beide Einstellungen sind nicht angemessen und daher eher belastend. Aber es entspricht etwas, was in vielen Familien der Fall ist. So tragen Kinder diese Spannungen auch weiter.

Welche Haltung macht die Kinder frei? Wichtig ist vor allem, sich aus den Spannungen zwischen den Eltern herauszuhalten.

In Aufstellungen steht in einer solchen Situation ein Kind vor beiden Eltern und sagt: »Was zwischen euch ist, lasse ich bei euch. Ich bin nur das Kind.«

Oder auch: »Du bist mein Vater, und du bist meine Mutter. Ich muss mich nicht zwischen euch entscheiden. Ich bin das Kind von euch beiden.«

Oder wenn ein Kind sich ganz stark mit einem der Eltern verbündet hat, zum Beispiel die Tochter mit der Mutter. Dann kann sie der Mutter sagen: »Ich mute dir zu, dass ich insgeheim meinen Vater genauso sehr liebe wie dich.«

Wenn auf diese Weise Frieden eingekehrt ist, dann kann sich manchmal folgender Schritt realisieren: Das Kind nähert sich langsam Vater und Mutter, die Seite an Seite stehen. Es mag zwischen beiden hin und her schauen. Wenn es ihnen ganz nahe ist, dreht es sich um und lehnt sich an beide an. Jetzt kann es die Augen schließen und fühlen, wie die Kraft von beiden in ihm zusammenkommt und etwas Neues dadurch entsteht. Es muss nicht mehr wählen, sondern es kann von beiden in gleicher Weise nehmen. Dann hat es die Belastung, den Frust und den alten Zorn hinter sich gelassen und kann mit neuen, frischen Augen seinen Partner oder seine Partnerin entdecken.

Die unterbrochene Hinbewegung

Nicht alles, was Beziehungen beeinflusst, ist systemisch. Es gibt eine besondere Situation, ein Trauma in der Kindheit, das sich später stark auf Beziehungen auswirkt. Das ist eine frühe, längere Trennung, häufig ein Krankenhausaufenthalt oder eine andere längere Trennung von den Eltern, angefangen vom Zeitpunkt direkt nach der Geburt bis zum Alter von drei Jahren. Bert Hellinger nennt diese Situation »unterbrochene Hinbewegung«.

Jedes Kind hat einen natürlichen Drang hin zu Mutter und Vater, um dort Liebe, Schutz und Geborgenheit zu finden. Wenn das Kind eine frühe Trennung oder massive Abweisung und Verletzung erlebt, wird diese Bewegung abrupt und krass gestoppt.

Da muss ein Kind mit eineinhalb Jahren für drei Monate in ein entferntes Krankenhaus, das die Eltern nur selten besuchen können. Durch diese Trennung erlebt das Kind einen Schock. Es traut sich in Zukunft nicht mehr, seinem spontanen Impuls hin zu Mutter oder Vater zu folgen. Die natürliche Hinbewegung bleibt unterbrochen. Die starke Sehnsucht nach den Eltern ist zwar weiterhin da. Nur kippt dieses Gefühl um in Trauer, Schmerz, Wut und Frustration.

Eine ähnliche Wirkung hat es, wenn die Geburt für

die Mutter lebensgefährlich war. Auch dann wird oft etwas im unmittelbaren ersten Kontakt mit dem Kind unterbrochen.

Wer als Kind diese Erfahrung gemacht hat, findet als Erwachsener nicht den Mut, sich voll und ganz auf die Liebe zum Partner oder zur Partnerin einzulassen. Er steckt immer noch in dem Zwiespalt zwischen der Sehnsucht und dem damit verbundenen Schmerz, den er erfahren hat. Häufig provoziert er unbewusst durch sein Verhalten eine erneute Ablehnung. Immer wieder tauchen die alten, schlimmen Gefühle auf und drehen sich endlos im Kreis. In einer Therapie könnte er in einer solchen Situation jahrelang auf Kissen einschlagen, ohne dass sich wirklich etwas ändert. Denn der Schmerz und die Wut sind nur »Ersatzgefühle«, das heißt Gefühle, die vor dem Eigentlichen, Wichtigen darunter schützen. Das wahre Gefühl darunter ist der Wunsch, sich dem anderen zu nähern. Alles andere ist nur Ablenkung.

Heilung bringt die Erfüllung des kindlichen Bedürfnisses. Eine Möglichkeit ist, dass der Therapeut sich bei einer solchen Sachlage dem Klienten gegenübersetzt und ihn sich innerlich zurückversetzen lässt in die Zeit, als die Trennung geschah. Dann fordert er ihn auf, die Hände auszustrecken und »Bitte« zu sagen.

Es ist sehr berührend, zu sehen, wie schwierig das für den Betreffenden ist. Der Schmerz und die Enttäuschung stecken so tief. Wenn jemand dann »Bitte« sagt, wird in diesem Moment der ganze Schmerz wieder erlebt. Aber erst wenn diese Bitte tatsächlich geäußert wird, kann der Therapeut als Stellvertreter für Mutter oder Vater den Klienten in die Arme nehmen und halten. Damit erreicht die Hinbewegung, die so lange unterbrochen war, ihr eigentliches Ziel. Die alten negativen Gefühle schmelzen dann wie von allein dahin.

Hellinger: »Die meiste Aggression ist Ersatz für Hinbewegung. Wenn jemand geschlagen oder verletzt wurde, dann kann er vielleicht sagen, es tut weh, oder auch seine Wut ausdrücken, weil es in diesem Kontext richtig ist. Den Eltern allgemein gegenüber Wut äußern, ist in der Wirkung immer schlimm. Die Lösung geht nur über das Nehmen der Eltern... In meiner Erfahrung sind fünfzig Prozent aller Probleme, die in Psychotherapien auftauchen, systemisch bedingt und können nur systemisch gelöst werden. Eher sind es sogar siebzig Prozent. Der Rest geht meines Erachtens auf Störungen in der Entwicklung zurück, jedenfalls bei Leuten, die ich sehe.«[24]

Unerfüllte Eltern – sehnsüchtige Kinder

Ein paar Mal schon haben sich Kerstin und Markus über ihre Kindheit unterhalten. – »Eigentlich nicht schlecht«, fanden es beide. »Es hätte auch viel schlimmer sein können. Wenigstens gab es keine größeren finanziellen Probleme.«

Kerstin hat noch zwei jüngere Geschwister. Ihre Schwester ist zwei Jahre jünger und ihr kleiner Bruder fünf. Sie erinnert sich daran, dass das Verhältnis zwischen ihren Eltern immer angespannt gewesen war.

Immer wieder flogen spitze Bemerkungen hin und her. Als es zur Scheidung kam, waren Kerstin und ihre Geschwister erlöst. »Endlich!«

Eigentlich kennt es Markus auch nicht viel anders. Selbst wenn seine Eltern nicht geschieden sind, sondern es schon über dreißig Jahre miteinander »aushalten« – so wie er es bezeichnet. Sein kleiner Bruder ist drei Jahre jünger.

Seine Eltern haben es so eingerichtet, dass sie sich aus dem Weg gehen. Die Mutter stürzt sich tagsüber in den Hausputz (»Bei uns blitzt immer alles vor Sauberkeit«), abends gibt es viele Verpflichtungen in der Kirchengemeinde. Der Vater macht Überstunden oder bastelt am Auto herum.

Kerstin und Markus haben es nicht schlecht gehabt. Das, was sie erlebt haben, befindet sich im Bereich des Normalen, Gutbürgerlichen. Die Beziehung ihrer Eltern war schwierig, aber nicht ungewöhnlich schwierig.

Konstruieren wir uns doch zum Unterschied einmal ein »ideales« Paar als Eltern. Das könnte etwa so aussehen: Sie stehen als Mann und Frau gleichwertig nebeneinander. Jeder steht für sich allein, ist erwachsen und trägt seine eigenen Lasten. Kindliche Hoffnungen, Nöte und Bedürfnisse haben sie hinter sich gelassen. Und doch sind beide in Liebe und Partnerschaft verbunden. Ihren Kindern können sie ihre ganze Liebe geben, ohne etwas zurückzuverlangen.

Doch dieses Ideal existiert praktisch in Familien selten oder nie. Schauen wir zu den »normalen« Eltern! Jeder Vater und jede Mutter ist als Kind mit den eigenen Eltern und der Ursprungsfamilie verbunden und trägt die Lasten dort mit. Deshalb konnte es da nie ganz »klein« und geborgen sein. Auf diese Weise bringt jeder noch kindliche Bedürfnisse und Sehnsüchte nach Liebe und Geborgenheit mit, die aus der Kindheit stammen. Ein Partner wird damit überfordert. Ein innerer Teil bleibt unerlöst, frustriert und schließt sie voneinander ab.

Hier springen dann Kinder mit ihrer großen Liebe in die Bresche. Sie wollen helfen und die Eltern glücklich sehen. Das sind dann schon, wie beschrieben, die kleinen Tröster und Trösterinnen, die kleinen Buben, die die Mama aufheitern wollen, und die kleinen Mädchen, die den Papa verstehen und bemitleiden.

Ich kenne einen äußerst charmanten Mann, der es auf unnachahmliche Weise versteht, Frauen Komplimente zu machen und ihr Herz zu gewinnen. Als ich ihn einmal fragte, wie man diese Kunst lernen könne, meinte er: »Da habe ich mit einem dreiviertel Jahr angefangen. Meine Mutter war immer traurig, und ich wollte sie von ihrer Traurigkeit wegbringen.«

Die bedingungslose Liebe, die Eltern von ihren Kindern empfangen, ist sicherlich mit ein wichtiger Grund, warum viele Paare eine solche Sehnsucht nach einem eigenen Kind haben. Damit jemand da ist, der liebevoll zu ihnen ist. Sie sind nicht allein. Sie haben jemanden, dem sie ihr Herz ausschütten können. Kinder werden so zu einer Art Partnerersatz. Das ist eine große Belastung für die Kinder, und sie bekommen nicht die Geborgenheit, die sie bräuchten.

Deshalb tragen wir alle noch in uns Wunden aus der

Vergangenheit und damit verbundene Schmerzen. Unterdrückter Schmerz wandelt sich um in Sehnsucht, Sehnsucht nach dem, was wir nicht bekommen haben. Es ist wie eine Münze. Auf der einen Seite ist die Sehnsucht. Drehen wir die Münze um, begegnen wir dem Schmerz.

Je größer die Wunde und der Schmerz, desto größer die Sehnsucht und die damit verbundene Blindheit, die Realität wahrzunehmen. Diese Sehnsucht ist unerfüllbar – auch wenn wir es nicht glauben wollen. Aus dieser Sehnsucht heraus projizieren wir wie ein Diaprojektor in unsere Umgebung Vater- oder Mutterbilder auf Männer und Frauen, denen wir begegnen. Diesen Bildern laufen wir dann nach in der kindlichen Hoffnung, das Vermisste doch noch zu erhalten. Gleichzeitig kann dieser Hunger nicht wirklich gestillt werden, weil wir nicht mehr das Kind sind und keiner uns die tatsächlichen Eltern der Kindheit ersetzen kann.

> *Wolinsky:* »Wenn wir in der Gegenwart versuchen, das zu bekommen, was wir in der Vergangenheit vermisst haben, dann leben wir nicht mehr in der Gegenwart. Wir agieren eine kindliche Illusion aus: Wir nehmen unsere kindlichen Verschmelzungserwartungen und projizieren sie auf andere Menschen oder Dinge. Dies ist ein schwacher Versuch, zu bekommen, was wir damals wollten – und es entspricht nicht unseren heutigen Bedürfnissen.«[25]

Stellen wir uns einen 25-Jährigen vor, der sich sehr verkümmert fühlt und herausfindet, dass seine Mutter ihn nie gestillt hat. Das ist die alte Wunde, stellt er fest. Seine Mutter, inzwischen 45 Jahre alt, hat noch einmal ein Baby bekommen und kann jetzt Milch geben. Selbst wenn sie, um ihm zu helfen, ihre Brust anböte: Es schmeckt nicht mehr. Die alte Wunde verschwindet dadurch nicht.

Alte Schmerzen bleiben. Deshalb bleibt die Sehnsucht. Irgendwo wartet der Seelenpartner. Irgendwo muss er doch sein! Am deutlichsten ist dieser verklärte Blick im Zustand der ersten Verliebtheit. Plötzlich ist der Kinderglaube da, endlich den Menschen gefunden zu haben, der mich immer verstehen und lieben wird und alle meine Wünsche erfüllt.

Was ist die Lösung? Wir müssen die Münze mit der Sehnsucht wieder herumdrehen und uns dem Schmerz stellen. Wenn wir den Schmerz spüren und annehmen, begegnen wir unseren Erfahrungen und damit unserem Leben und uns selbst. Die Sehnsucht nach dem »Seelenpartner« lässt nach, die Träume verblassen, und wir kommen auf dem Boden an.

Den anderen sehen

Zum Schluss dieses Kapitels noch eine Aufstellung, die wie im Zeitraffer den Weg zeigt, den ein Paar gehen kann:

Der Klient hat eine neue Liebe gefunden, fühlt sich aber noch sehr unsicher und möchte über eine Aufstellung mehr Klarheit.

Mann und Frau stehen sich gegenüber, recht nah. Der Mann: »Ich bin verliebt!« Der Frau geht es genauso, und sie strahlt ihn an: »Ich bin verliebt!«

Dann äußert sie: »Wenn ich dir so nahe stehe, sehe ich dich nicht so gut, und ich möchte dich gern ganz sehen.« Sie gehen beide auf ein bisschen mehr Distanz. Jetzt fühlt sich der Mann noch besser, aber nicht mehr ganz so verliebt. Auch der Frau geht es gut, aber etwas hat sich geändert. Sie sagt: »Es wird ernst.«

Das berührt den Mann, und er äußert: »Auch für mich wird es ernst. Es ist kein Spiel.« Als sie sagt, wie gut ihr das tut, fügt er hinzu: »Ich bin bereit, die rosa Brille abzuziehen und dich zu sehen, wie du bist, und mich zu zeigen, wie ich bin.«

Das löst bei ihr Unsicherheit aus und etwas Angst. Sie meint: »Auch ich bin bereit, die rosa Brille abzuziehen und dich zu sehen, wie du bist, und mich zu zeigen, wie ich bin.« Anschließend stellt sie fest, dass der zweite Teil, das mit dem Sich-Zeigen, nicht gestimmt hat.

Er sagt: »Ich möchte dich gern sehen, wie du bist, und ich freue mich, wenn du bereit bist, dich zu zeigen, wie du bist.«

Sie fragt zurück: »Alles?«

Er: »Alles.«

Sie spürt, dass dies eine ganz tiefe Ebene bei ihr berührt, und sagt ihm: »Da gibt es Dinge bei mir, da weiß ich nicht, ob ich sie dir zeigen kann. Das hat nichts mit dir zu tun, sondern nur mit mir.« Dann wird sie noch deutlicher: »Es gibt Dinge, die ich dir nicht zeigen möchte, und ich freue mich, wenn du das achtest.«

Erst wird er etwas traurig, schließlich sagt er: »Ich bin nur ein Mann, und du bist nur eine Frau. Mehr nicht. Ich achte es, was du für dich behältst.«

Sie: »Und ich bin dabei, mich auf dich einzulassen.« Dem stimmt auch er gern zu.

Es ist gut, wenn wir in einer Partnerschaft bewusst da anfangen, wo wir sind. Einmal fühlen wir uns groß und überlegen, dann wieder klein und bedürftig und schließlich ebenbürtig und erwachsen. Das gehört alles zum Leben eines Paares. Wir können allmählich bewusster werden, aber es gibt keine Abkürzungen. Es braucht Zeit und Erfahrungen. Wir sind alle auf dem Weg.

Zum Anregen

Übung: Beim nächsten Konflikt mit Ihrem Partner oder Ihrer Partnerin gehen Sie in einer ruhigen Minute an einen stillen Platz.

Wenn Sie eine Frau sind: Stellen Sie sich Ihren Partner vor und Ihren Vater. Schauen Sie ein paarmal hin und her zwischen beiden Bildern. Suchen Sie die Ähnlichkeiten und die Unterschiede. Dann sagen Sie innerlich zu Ihrem Partner: »Du bist nicht mein Vater, und ich bin nicht dein Kind. Und ich bin nicht deine Mutter, und du bist nicht mein Kind. Du bist nur mein Mann, und ich bin nur deine Frau – mehr nicht.« Spüren Sie dann nach, welche Wirkung das auf Sie und Ihre Einstellung zum Konflikt hat.

Wenn Sie ein Mann sind: Stellen Sie sich Ihre Partnerin vor und Ihre Mutter. Schauen Sie ein paarmal hin und her zwischen beiden Bildern. Suchen Sie die Ähnlichkeiten und die Unterschiede. Dann sagen Sie innerlich zu Ihrer Partnerin: »Du bist nicht meine Mutter, und ich bin nicht dein Kind. Und ich bin nicht dein Vater, und du bist nicht mein Kind. Du bist nur meine Frau, und ich bin nur dein Mann – mehr nicht.« Spüren Sie dann nach, welche Wirkung das auf Sie und Ihre Einstellung zum Konflikt hat.

Übung: Gehen Sie an einen Ort, an dem Sie ungestört sind, und nehmen Sie sich Zeit, folgenden Satz wie eine Art Angel auszuwerfen und geduldig zu warten. Werfen Sie die Angel ab und zu erneut aus, indem Sie den Satz für sich wiederholen:

»Ich tue alles, um meinen Herzschmerz *nicht* zu spüren – koste es, was es wolle.«

Kapitel 3

Der Zorn zwischen Männern und Frauen

»Nie gibst du mir Recht!«
»Das stimmt doch gar nicht!«
»Da! Schon wieder!«[26]

Guglielmo Gulotta

»Du, in dem Streit gestern … Ich glaube, du hattest Recht.«
»Ist doch sonnenklar, dass ich Recht hatte.«
»Geht das schon wieder los?!«[27]

Guglielmo Gulotta

In Aufstellungen begegne ich häufig unter einer Schicht von Achtung und Liebe einem versteckten Kampf zwischen Männern und Frauen. In diesem Kampf ist so viel Kraft gebunden, dass es sinnvoll ist, ihn mehr ans Licht zu bringen. So hat der bekannte Psychotherapeut Carl Whitaker einmal festgestellt, dass eine missglückte Ehe »die nettesten Leute zu hasserfüllten Furien werden lässt«.[28]

Im Alltag wird der »normale« Kampf mehr über Spannungen spürbar, die sich bei einem Paar zeigen. Oder wie jemand über das andere Geschlecht spricht. Missachtung und Geringschätzung sind beliebte Spielarten. »Typisch Mann« bzw. »typisch Frau«, im entsprechenden Tonfall, am besten begleitet von einer abschätzigen Handbewegung, sind ein alltäglicher Ausdruck davon. In Witzen wird etwas davon humorvoll, manchmal auch nur bissig sichtbar (siehe das Ende dieses Kapitels).

Wie viel tatsächlich in unseren Tiefen schlummert, wird allerdings erst bei heftigen Auseinandersetzungen sichtbar. Ein enormer Zorn bricht aus, der zum Beispiel bei einer Trennung sogar in blinden Hass umschlagen kann. Nicht umsonst geschehen so viel Morde aus Liebe – aus verschmähter, verzweifelter, wütender Liebe.

Das Telefon klingelt bei Freundin Simone. »Simone, ich muss dich unbedingt sprechen. Sofort!«

»Was ist denn los mit dir, Kerstin? Du bist ja ganz außer dir! Du weinst ja gleich.«

»Ich … ich halte es einfach nicht mehr aus mit Markus. Vorhin hatten wir wieder Krach. So schlimm war es noch nie. Ich bin völlig ausgerastet und habe mit einem Teller nach ihm geworfen. Er hat mich dann weggestoßen und mir fast eine Ohrfeige gegeben. Das hätte er sich nur trauen sollen! Ich weiß nicht, was ich dann gemacht hätte! Ich bekomm richtig Angst vor mir.«

»Bitte, beruhig dich doch, Kerstin, und schrei nicht in den Hörer. Mir tut schon das Ohr weh.«

»Entschuldigung. Aber so kenne ich mich überhaupt nicht. Warum kann der Kerl mich nur so rasend machen? Und ich kenne Markus plötzlich nicht wieder, der wird noch richtig gewalttätig«, schluchzt Kerstin.

Vom Kampf der Geschlechter

Wenn es die Ehe nicht gäbe, müssten Mann
und Frau gegen wildfremde Leute kämpfen.
Graffito

Nicht immer ist der beiderseitige Kampf an der Oberfläche sichtbar. Häufig ist es in Beziehungen so, dass, wenn einer der Partner aggressiv ist, der andere eher friedlich und geduldig bleibt. Dabei zeigt sich im Untergrund manchmal die Dynamik, dass die stärkere Aggression in dem ist, der nach außen friedlich bleibt, und dass der Schwächere derjenige ist, der ausrastet.

Möglicherweise wirkt hier ein gesunder Mechanismus, der nur den einen den aggressiven Pol tragen lässt. Denn was ist die Alternative? Eine Aufstellung zeigt die Situation, wenn bei beiden die Aggressionen eskalieren.

Die Tochter stellt auf. Der Vater hatte die Mutter bei einem Ehestreit mit einem Messer schwer verletzt. In der Aufstellung stehen sich beide Eltern voller Hass gegenüber. Jeder will der Stärkere sein. Es zeigt sich, dass die Frau den Mann ganz bewusst provoziert hat. Triumphierend sagt sie ihm: »Ich habe dich so weit gebracht, dass du zum Messer gegriffen hast.«

Die Lösung kommt erst, als die Tochter Vater und Mutter ihre Verantwortung lässt und sie aus ihrem Herzen entlässt. Beide Eltern wenden den Kindern den Rücken zu. Erst dann kehrt Entspannung bei allen Beteiligten ein.

Manchmal wird der Kampf also zum Krieg. Eine der Eigenschaften in der heutigen Kriegführung ist es, den Gegner möglichst nicht mehr als Mitmensch anzusehen, sondern nur noch als Feind, der zu vernichten ist. Man fühlt sich auf der richtigen Seite, »im Recht«, und das macht gnadenlos. Ein mörderischer Zorn kommt hoch, der einen selbst erschrecken mag. Das ist im Ehekrieg nicht anders als auf einem Schlachtfeld. Wir alle kennen diesen Zorn. Wenn nicht aus unserer Gegenwart, dann aus unserer Kindheit. Man schaue sich nur ein empörtes, schreiendes Kleinkind an, wie viel und welche Energie in diesem Protest liegt.

Dazu ein Beispiel: Die Stellvertreterin einer Frau, die ihren Mann umgebracht hatte, blieb mit dem Kopfweh aus der Rolle auch nach der Aufstellung noch zurück. Nun zeigt es sich manchmal nach Aufstellungen, dass es schwierig wird, aus einer Rolle zu gehen, wenn sich Eigenes mit dem Fremden mischt.

Nachdem das Eigene in der fremden Rolle erkannt wird, lässt sich leicht aus der Rolle gehen. Hier war es zuerst recht schwierig. Schließlich schlug ich der Frau vor, sich die Mörderin, die sie gerade stellzuvertreten hatte, vorzustellen. Als sie ihr dann den Satz sagte: »Ich kenne diesen Zorn«, verschwand das Kopfweh sofort.

Hier ein weiteres Beispiel aus einer frühen Gruppe von mir, das sich mir sehr eingeprägt hat:

Die etwa sechzigjährige Tochter einer Schweizer Familie stellt auf. Sie berichtet von keinen besonderen Ereignissen in ihrer Familie. Eher beiläufig teilt sie dann mit, dass ihre Mutter sich vor der Eheschließung auf

Verlangen des Mannes und der Schwiegereltern alle Zähne ziehen lassen musste. Der Grund: Damit später nie Zahnarztrechnungen anfallen würden …

In der Aufstellung nimmt die Mutter der Klientin ihren Mann nicht ernst. Er möchte gern mehr in ihre Nähe. Sie sagt zu ihm: »Es sind zwar deine Kinder, aber ich will dich nicht als Mann neben mir haben.« Ihm tut das weh.

Ich stelle seine Eltern, die Schwiegereltern, dazu, und sie sagt ihnen: »Ihr wolltet, dass ich mir vor der Hochzeit alle Zähne ziehen lasse, und ich habe es getan.« Der Mann fühlt sich stärker, als er das hört, und teilt mit, dass sie jetzt nicht mehr gefährlich ist. Die Schwiegermutter will mit dem Zähneziehen nichts zu tun haben und fühlt sich mit der Schwiegertochter verbunden, was für diese aber nicht stimmt.

Dann sagt der Mann zur Frau: »Ich habe Angst vor dir.«

Sie: »Zu Recht!«

Der Schwiegervater teilt jetzt mit: »Ich habe noch viele Männer hinter mir, und wir sind alle der Meinung, man muss den Frauen die Zähne ausreißen, sonst sind sie zu gefährlich.«

Der Mann sagt zu seinem Vater: »Tief drinnen bin ich solidarisch und bin auch dafür, dass man den Frauen die Zähne auszieht. Ich gehöre mit zu all den Männern.«

Dann drehe ich die Eltern des Vaters einander zu. Der Schwiegervater empfindet das als bedrohlich, während seine Frau ganz freundlich ist. Er sagt dann zu ihr: »Ich empfinde dich aber als gefährlich, ich trage ganz viel Angst vor Frauen mit mir.« Sie zeigt keinen Ärger und keine Gefährlichkeit, und er empfindet seine Frau als sehr scheinheilig.

Ich schlage ihr den Satz vor: »Ich könnte gefährlich sein, aber ich will nicht.« Jetzt fühlt sich die Frau sehr mit ihrer Schwiegermutter verbunden und äußert: »Die können uns noch lange die Zähne ausreißen!«

Die eigene Mutter der Frau, die ich hinzustelle, sagt der Tochter: »Du gehörst mit zu uns Frauen, man kann uns die Zähne ziehen, wir bleiben gefährlich. Ich bin stark.«

Dann ändert sich das positive Gefühl bei der Frau, und sie sagt zu ihrer Mutter: »Ich werfe dir vor, dass du mich nicht vor dem Zähneziehen geschützt hast.«

Die Mutter gibt zu: »Ja, ich habe dich nicht geschützt, und es tut mir sehr Leid. Ich bin selbst nicht geschützt worden und habe es auch so mit dir gemacht.«

In der Nachbesprechung zeigt sich, dass das Ziehen der Zähne der Braut vor der Hochzeit in einigen Gegenden der Schweiz noch bis vor vierzig Jahren üblich war. (Auch der Aufstellerin selbst wurden mit achtzehn Jahren, weil es die Eltern wollten, grundlos acht Zähne gezogen, jeweils zwei oben und unten, links und rechts.)

Beide Geschlechter kennen die Aggressionen. Sie gehören mit zum kollektiven Erbe und zu unserer individuellen Anlage. Wenn Mann und Frau sich bis aufs Blut bekämpfen, bleibt in letzter Konsequenz anscheinend nur die Wahl: Wer bringt wen um? Messer oder

Gift? Der Film »Der Rosenkrieg« war eine glänzende Satire auf diesen Vernichtungsfeldzug eines Paares.

Ist es ein Machtkampf? Dass Macht in Paarbeziehungen eine große Rolle spielt, ist offensichtlich. Denn wenn wir Einfluss ausüben, gewinnen wir Sicherheit und Beständigkeit. So gibt es typische Machtkampfmuster, bei denen jeder seine eigene Sichtweise als richtig durchsetzen will, oder es gibt das Muster, dass der eine unterwerfen will und der andere sich unterordnen soll.

Und natürlich gibt es Machtquellen, zu denen beide unterschiedlichen Zugang haben. Geld ist zum Beispiel eine solche wichtige Machtquelle. Aber auch Beziehungen, insbesondere die zu den Kindern, sind Machtquellen.[29]

Dennoch lasse ich in der folgenden Beschreibung den Begriff »Macht« beiseite und spreche lieber über den Kampf. Denn mir scheint es, dass Macht in der Geschlechterbeziehung immer nur äußerlich und vorläufig ist. Keiner kann gewinnen. Denn selbst wenn einer nach außen triumphiert, sich ihm der andere aber innerlich entzieht, bleibt der Sieger im Grunde als frustrierter Verlierer zurück.

Mir scheint es fruchtbarer, von der Ebenbürtigkeit von Mann und Frau auszugehen und ihr Verhalten als Waffe im Kampf zu werten. Denn im Kampf ist Begegnung möglich, nicht aber, wenn einer Täter und der andere Opfer ist. – Dazu das Beispiel einer Aufstellung aus Holland.

Die holländische Klientin hatte Probleme mit ihren Brüdern. (Ich schildere im Folgenden nur Ausschnitte aus der Aufstellung.) Aus ihrer Familiengeschichte berichtete sie, dass sowohl Mutter wie Vater aus holländisch-indonesischen Familien stammen. In der weiblichen Linie stammte der Großvater aus der Beziehung eines Holländers mit einer Indonesierin. Es war keine Ehe gewesen, wie sie betonte.

Ich stelle diesen Großvater und seine indonesische Mutter und den holländischen Vater auf.

Beide Eltern stehen sich gegenüber, die Frau schaut nicht auf und lässt die Schulter hängen. Der Mann fühlt sich sehr mächtig und stark und schaut ungerührt auf die Frau.

Ich schlage ihr vor, zu sagen: »Ich fühle mich als dein Opfer«, merke aber schon während des Vorschlags, dass das Wort »Opfer« nicht angemessen ist. Stattdessen schlage ich vor: »Ich fühle mich als deine Beute«, und bekomme sofort eine zustimmende Reaktion. Auch der Mann bejaht: »Du bist meine Beute.« Die Frau hält sich weiterhin zurück, leidet, ohne ihn anzuschauen. So bleibt es eine Weile, ohne dass eine Begegnung zustande kommt.

Dann sagt der Mann: »Du gehörst mir.« Das erste Mal kommt als Gegenreaktion ein leiser Protest.

Mein Vorschlag für die Frau ist: »Den Körper kannst du zwar besitzen, aber meine Gefühle nicht.« Die Frau korrigiert. Nein – nicht »Gefühle«: »… aber mein Wesen nicht.«

Sie richtet sich immer mehr auf. Jetzt kann sie zu ihm sagen: »Ich verachte dich.« Und sie fügt hinzu: »… und ich habe Mitleid mit dir.« Aber auch das klingt sehr verachtungsvoll. Sie wird immer klarer und stärker:

»Ich schaue innerlich auf dich herab und fühle mich besser als du. Und da ist ein Kampf zwischen uns.«

Der Mann reagiert zum ersten Mal anders: »Ich werde jetzt vorsichtiger und passe auf.« Auch er stimmt nun zu, dass es ein Kampf ist.

Plötzlich meint die Frau: »Da ist auch Mitgefühl und Liebe.«

Der Sohn steht die ganze Zeit auf die Mutter ausgerichtet vor den beiden. Dem Vorschlag »Ich bin Kind von beiden« kann er nicht zustimmen. Stimmig ist es, als die Mutter zu ihm sagt: »Du gehörst mir.« Und dem Mann sagt sie: »Du kannst zwar mich haben, aber unser Sohn gehört mir. Hier bin ich die Stärkere.«

Der übernommene Zorn

Der Zorn zwischen Männern und Frauen ist Teil des kollektiven Erbes, das wir als Kinder unserer Eltern und unserer Familie weitertragen. Hier sind die Söhne mit den männlichen und die Töchter mit den weiblichen Vorfahren verbunden.

In einer Gruppe bei Bert Hellinger nimmt ein Paar teil. Allen fällt auf, wie unangemessen aggressiv die Frau häufig auf ihren Ehemann reagiert. Nachdem Hellinger das längere Zeit beobachtet hat, kommt seine Frage an sie, eine Frage, die Wesentliches von der Arbeit mit Aufstellungen zum Inhalt hat.

Die Frage lautet: »Welche Frau in deiner Familie war mit Recht wütend auf ihren Mann?«

Was ihr dann einfällt: »Meine Großmutter wäre mit Recht wütend gewesen. Ihr Mann, mein Großvater, misshandelte und demütigte sie immer wieder. Einmal zog er sie sogar an den Haaren vor allen anderen Gästen durch die Wirtsstube.«

»Du trägst die unterdrückte Wut deiner Großmutter«, meint Hellinger zu ihr.

Im Alltag gehen wir davon aus, dass jedes unserer Gefühle einen unmittelbaren Auslöser hat, der dieses Gefühl rechtfertigt. Ein Freund verabschiedet sich für längere Zeit, und wir werden traurig. Aus Versehen tun wir dem Partner unrecht und fühlen uns schuldig. Der Nachbar ärgert uns, und wir werden sauer.

Aufstellungen zeigen uns, dass wir aber auch Gefühle in großer Heftigkeit in uns tragen, die uns mit unserer Familie verbinden und in dieser Stärke nicht aus dem eigenen Leben stammen. Denn Kinder tragen mit. Sie übernehmen im Familiensystem Gefühle von anderen Mitgliedern. Das sind zum einen starke Gefühle, die ein Familienmitglied unterdrückt hat. Im Beispielsfall hatte die Großmutter ihre berechtigte Wut heruntergeschluckt. Die Enkelin spürt die unterdrückte Wut der Großmutter, übernimmt und lebt sie.

Es sieht so aus, als ob intensive Gefühle ausgedrückt werden wollen. Es kann Trauer sein, Schuld oder auch Wut. Wenn der Betreffende sie aber unterdrückt, weil sie ihm zu viel sind, dann geistert das unterdrückte Gefühl im Familiensystem herum und sucht jemanden, der sie spürt und ausdrückt. Das sind die Nachkommen, oft die Kinder und die Enkel.

Aber nicht nur unterdrückte Gefühle werden von Kindern übernommen. Kinder teilen auch heftige Gefühle, Leid, Schmerz, Schuld und Zorn in der Familie, vor allem mit den Eltern und den Großeltern.

Das Besondere an einem übernommenen Gefühl ist, dass man es selbst als angemessen empfindet, die Umwelt aber feststellt, dass es unangemessen wirkt. Die Wut, die sich gegen jemanden richtet und ausdrückt, der einen verletzt hat, ist irgendwann vorbei. Anders bei der übernommenen Wut. Sie kennt kein Ende und hört nie auf. Die eigene Wut gegen den Verletzer ist richtig und angemessen, die übernommene Wut dagegen ist nicht angemessen. Sie entzündet sich an kleinen Anlässen und äußert sich dann mit voller Wucht. Dabei fühlt sich der/die Wütende ganz und gar im Recht und versteht nicht die Reaktionen des Gegenübers, das sich ungerecht behandelt fühlt.

In obigem Beispiel gab es für die Ehefrau immer wieder kleine Anlässe für Ärger. Aber sie behandelte ihren Mann so, als sei sie die Großmutter und er der Großvater. Und damit wird sie in ihrem Zorn ungerecht.

In Aufstellungen stoße ich immer wieder auf den kollektiven Zorn zwischen Männern und Frauen, der ist über die Generationen weitergegeben worden. Die Ursachen dafür sind nicht im eigenen Leben zu finden, schon die Mutter hat diesen Zorn und ihre Mutter. Er kommt aus den Zeiten, als sich Frauen Schlimmes haben gefallen lassen und gewaltsam unterdrückt wurden. So tauchen immer wieder bei Familienaufstellungen in früheren Generationen verbitterte Frauen auf, die so viel Schmerz unterdrückt haben, dass sie »böse«

geworden sind. Die Präsenz dieses Bösen ist stark und körperlich spürbar.

Auch Schmerz, Leid und Gewalt, die im Krieg erfahren worden ist, haben zu diesem Zorn geführt – nicht nur bei Frauen, sondern auch bei Männern. Ich lese gerade in einem amerikanischen Buch über die Traumatisierung der Vietnamsoldaten,[30] welche enge Bindungen mit den Kameraden im Kampf entstehen und wie schrecklich der Tod eines solchen Freundes ist. Riesiger Schmerz kippt dann immer plötzlich um in mörderische, rasende Wut.

Mein Bild dazu ist, dass hinter jedem Mann viele verletzte und zornige Männer (Vater, Großväter, Urgroßväter und so fort) stehen und hinter jeder Frau viele zornige und verletzte Frauen (Mutter, Großmütter, Urgroßmütter und so fort).

Wenn die gewaltige, uralte Feindseligkeit wach wird, ist es wie eine Schleuse. Da gibt es einen kleinen Anlass zu Ärger zwischen einem Paar, und mit einem Mal öffnet sich diese Schleuse, und eine gewaltige Flut von aufgestautem Zorn und Ärger ergießt sich in das vorher friedliche Tal. Überschwemmt alles, reißt alles mit. Und natürlich ist der kleine Anlass bald vergessen, der Zorn ist viel größer. Damit ist er natürlich auch ungerecht – der Anlass war klein, der Zorn gewaltig.

Jeder von beiden hat den Eindruck, er reagiere lediglich. Der andere wird dabei als der Schuldige empfunden. Das Besondere an dem übernommenen Zorn ist aber, dass jeder von beiden sich im Recht fühlt, und deshalb können die Kämpfe so hart und erbittert werden.

Die Klientin möchte die Beziehung mit dem Exmann klären.

In der Aufstellung steht der Mann herumgedreht in großer Entfernung. Als er sich umdreht, sagt er spontan: »Ich bin voller Gift.«

Sie schaut ihn an: »Ich verachte dich.«

Das steigert seinen Zorn: »Ich könnte dich erwürgen.«

Aus dieser Heftigkeit wird deutlich, dass es nicht allein der persönliche Zorn ist, sondern ein Zorn, der mit den Vorfahren verbindet.

Ich schlage der Frau vor, dem Mann zu sagen: »Du bist ein Mann und genauso wie alle Männer.« Das sagt sie mit Inbrunst. Ihm schlage ich vor: »Ich bin ein Mann und bin wie alle Männer.« Daraufhin entspannt er sich. Jetzt schlage ich ihr vor: »Ich bin eine Frau und bin wie alle Frauen.« Spontan weigert sich die Frau: »Nein. Ich bin besser.« (Leider kam mir erst hinterher die Idee des Vorschlags: »Und das verbindet mich mit den anderen Frauen.«)

Schließlich stelle ich hinter den Mann seinen Vater, Großvater und Urgroßvater und hinter die Frau ihre Mutter, Großmutter und Urgroßmutter. Beide schauen zurück zu ihren Vorfahren und entdecken, wie sie Zorn und Verachtung mit ihnen teilen. Das entspannt sie; und als sie sich wieder umdrehen, ist es, als nähmen sie sich zum ersten Mal wahr.

Wenn die männlichen Vorfahren hinter den Mann und die weiblichen hinter die Frau gestellt werden, wird die Verbundenheit mit ihnen sehr schnell sichtbar. Manchmal genügt das, um sich wieder umzudrehen und die Gegenwart mit frischen Augen wahrzunehmen.

Aber wir müssen nicht immer so weit in die Generationen zurückschauen.

Der Klient kommt, weil er sich noch nie mit seiner jüngeren, einzigen Schwester vertragen hat. Sie hätten schon als Kind immer gestritten, und das habe auch später nicht aufgehört. Sie seien die beiden einzigen Kinder. Ihre Eltern hätten eine sehr harmonische Beziehung geführt.

In der Aufstellung sehen sich Bruder und Schwester streitlustig an. Die Eltern stehen friedlich nebeneinander im Hintergrund. Die Lösung kommt, als der Sohn dem Vater und die Tochter der Mutter sagen: »Ich streite für dich.« Plötzlich werden den Eltern eigene Spannungen bewusst. Die Kinder sind befreit und entlastet und können jetzt friedlich nebeneinander stehen.

Wie sehen in den Aufstellungen Lösungen aus? Die zwei Schlüssel für Lösungen sind das Annehmen dessen, was ist, und die Achtung.

Das Kind dreht sich um zu den Vorfahren und achtet ihren Zorn. Der Enkel schaut zum Großvater und sagt ihm mit einer Verneigung: »Ich achte dich und deinen Zorn.« Das ist nicht immer einfach, denn die Achtung macht jemanden kleiner. Er kommt aus der Rolle des Bundesgenossen in die Rolle des Kindes. Manchmal weigert sich jemand. Dann ist die Zeit noch nicht reif dafür, und es ist gut, bei der momentanen Wahrheit zu bleiben. Die kann sich in einem Satz ausdrücken: »Ich will dich nicht allein lassen. Ich fühle mich groß und bleibe als Verbündeter an deiner Seite.« Damit nimmt der Klient das an, was im Moment da ist.

Bei dem Beispiel des streitenden Geschwisterpaars sind die Sätze zu Mutter und Vater hilfreich: »Was zwischen euch ist, lasse ich bei euch. Ich bin nur das Kind.«

Nicht immer ist es notwendig, die Vorfahren tatsächlich aufzustellen. Gute Erfahrungen mache ich damit, das, was abläuft, einfach in Worte zu fassen. Dann sagt die Frau zum Mann: »Ich trage Zorn (oder auch andere Gefühle wie Schuld oder Schmerz) mit. Der kommt aus meiner Familie. Er hat nichts mit dir zu tun, doch du bekommst ihn ab.« Wenn das, was der andere abbekommen hat, sehr heftig war, kommt manchmal wie von allein: »Es tut mir Leid.«

Kraftvoll ist auch ein kurzes bloßes Herumdrehen, um nach denen zu schauen, die im eigenen Rücken stehen. Ich lasse den Mann oder die Frau sich umdrehen: »Schau zu deiner Familie, die hinter dir steht, und spüre hin. Du musst nichts Genaues sehen und wahrnehmen, aber nimm dir einen Moment Zeit, in die Richtung zu schauen.« Wenn sich der Betreffende dann wieder umdreht, ist etwas verändert. Er nimmt die Personen vor ihm klarer wahr.

Der mitgebrachte Zorn aus dem eigenen Leben

Im letzten Kapitel habe ich von den vielfältigen Beziehungen zwischen Eltern und Kindern gesprochen. Kinder werden benutzt und ausgenutzt. Sie werden dabei nicht wirklich gesehen.

Bei aller Liebe, die Kinder zu den Eltern haben, spüren sie auch dieses Benutztwerden. Dies ist eine Wunde, die schmerzt, und es macht sie auch – zu Recht – zornig. Wie vielfältig die Schichten sich dabei mischen können, zeigt die nächste Aufstellung:

Der Klient ist das einzige Kind. Vor der Ehe hatte die Mutter einen Verlobten, den sie verlassen hatte.

Das Kind steht vor den Eltern und fühlt sich sehr zornig. Als Erstes stelle ich den Verlobten dazu. Es zeigt sich, dass der Sohn mit ihm verbunden ist und dessen Zorn über die abgebrochene Verlobung trägt.

Das Kind schaut die Mutter an und ist sehr mit ihr verbunden. Als ich es aussprechen lasse, dass es den Zorn der Mutter mitträgt, bejaht der Stellvertreter. Ein Teil des Zorns ist also von der Mutter übernommen. Im nächsten Schritt zeigt sich, dass der Sohn auch unterschwellig mit dem Vater verbunden ist und dessen Groll über die unglückliche Ehe mitträgt.

Aber etwas fehlt noch. Ein stimmiger Dank an die Mutter fürs Leben ist ihm immer noch nicht möglich. Da ist immer noch Zorn! Die letzte Schicht löst sich, als das Kind spürt, wie sehr es verletzt ist, weil die Mut-

ter es die ganze Zeit als Spielball benutzt hat. Er sagt ihr: »Ich bin so zornig, weil ich mich so verletzt fühle.« Plötzlich schmilzt er und schaut liebevoll zu ihr hin.

Immer wieder sehen wir, dass ein Kind, welches eine besondere Nähe zum Elternteil des anderen Geschlechts entwickelte, also eine Tochter mit dem Vater oder ein Sohn mit der Mutter, später einen äußerst großen Zorn auf das andere Geschlecht hat.

Ein solcher Mann ist sehr zornig auf Frauen, eine solche Frau sehr zornig auf Männer. Dieses Gefühl ist aber tief versteckt, oft hinter einer besonderen Friedfertigkeit und der Schwierigkeit, Konflikte auszutragen. Häufig sind das Personen, die außergewöhnlich anziehend aufs andere Geschlecht wirken. Da gibt es auf der einen Seite Charme und Einfühlungsvermögen. Sie haben ja schon als Kind die Fähigkeit, auf das andere Geschlecht einzugehen, besonders geübt und gelernt.

Auf der anderen Seite gibt es einen verschlossenen Bereich, der jemandem nur schwer zugänglich ist. Wie wir auch im Alltag immer wieder sehen können, sind solche Männer und Frauen sehr reizvoll, weil sie als besondere Herausforderung wirken. Oft möchte eine Frau einen solchen Mann »erlösen« (oder vielleicht auch »knacken«) – und umgekehrt.

Leider scheitert diese fromme Hoffnung immer wieder. Denn sichtbar und spürbar wird die unterschwellige Feindseligkeit daran, dass sich ein solcher Mann oder eine solche Frau auf niemanden voll und ganz einlässt, stattdessen immer wieder den Partner frustriert,

Beziehungen beendet und das Gegenüber unglücklich zurücklässt.

Wenn sie in einer längeren Beziehung leben, bleibt der verschlossene Teil dem Partner oder der Partnerin gegenüber meist dauerhaft verschlossen. Denn was hinter der abgeschlossenen Tür verborgen ist, wird von dem Betreffenden als so heftig und für sich selbst überwältigend erlebt, dass er es vorzieht, es auch vor sich selbst geheim zu halten. Hierzu ein Beispiel aus einer Gestalttherapiegruppe, an der ich einmal teilnahm:

Der Klient trägt als Problem vor, dass er eine langjährige Freundin habe, aber immer wieder Nebenbeziehungen. Darunter leide er inzwischen, weil er – eigentlich – eine Beziehung suche, auf die er sich ganz einlassen könne. Auf die Frage, wie denn seine Freundin mit seinen Liebschaften umgehe, meinte er, er halte es geheim, weil er sie nicht verletzen wolle und könne.

Der Therapeut bat ihn, sich vor eine Teilnehmerin zu stellen, mit der er während der Gruppe schon ein Verhältnis angefangen hatte. Er solle ihr sagen: »Ich will dir nicht wehtun.« Der Klient sprach das nach und meinte, dabei spüre er nichts Besonderes.

Was ihm nicht aufgefallen war: Während er den Satz sagte, ballte er seine Hände zu Fäusten zusammen. Der Leiter meinte: »Spür einmal genau in deine Hände, atme hinein und sag diesmal: Ich will dir wehtun.«

Der Klient tat es, und plötzlich brach explosiv eine ungeheure Wut aus ihm heraus, und er schrie immer wieder: »Ich will dir wehtun.« (Später teilte er mit, dass er sich bei jedem »Ich will dir wehtun« eine an-

dere Liebe vorstellte – und dass der Satz auf jede zugetroffen hätte.)

Seitdem höre ich besonders aufmerksam hin, wenn jemand mir berichtet und betont, dass er anderen Menschen, und besonders dem Partner oder der Partnerin, nicht wehtun könne. Wie er wohl seine Hände hält?

Der Zorn aus der Partnerschaft

Bei all dem, was alt und übernommen ist, darf doch der angemessene Ärger aus aktuellem Anlass in einer Partnerschaft nicht vergessen werden.

Markus ist sauer. Er hatte mit Kerstin ausgemacht, heute Abend zu kochen und dann mit ihr gemeinsam um 19.00 Uhr das Abendessen zu genießen. Er war mit den Vorbereitungen schon fast fertig, als sie eine halbe Stunde vorher anrief: »Du, ich komme ein klein wenig später. Ich muss noch dringend mein aktuelles Projekt abschließen. Dauert aber wirklich nur ein paar Minuten.«

Jetzt ist es 19.35 Uhr, das Essen ist kalt, und Markus ärgert sich. Wenn sie wenigstens noch einmal angerufen hätte!

Kurz nach acht taucht Kerstin etwas abgehetzt auf. »Du, tut mir Leid. Ich hoffe, es hat dir nichts ausgemacht.«

Wie wird es weitergehen? Kommt es zum Krach? Eines ist sicher, wenn Markus seinen Ärger hinunterschluckt, wird er ihm im Magen liegen und sicher den restlichen Abend vermiesen. Wenn er das häufiger tut, wird Markus irgendwann mit dem ganzen bis dahin aufgestauten Ärger herausplatzen. Der heftige Streit ist damit programmiert.

Eine »nützliche« Alternative ist Alkohol, denn der enthemmt. Und dann kann Markus, leicht angetrunken, endlich mit all den Vorwürfen herauskommen. Markus kann natürlich auch dauerhaft schlucken, bis er ein Magengeschwür bekommt.

Keine dieser Lösungen ist ideal. Die »Kunst« ist es also, seinen Ärger den Umständen entsprechend angemessen auszudrücken. Das ist nicht leicht, aber auch Übungssache. Eine Schwierigkeit kommt dazu: Männer neigen, wie Daniel Goleman schreibt,[31] mehr als Frauen dazu, von einem heftigen Gefühl wie dem Zorn »überflutet« zu werden. Wer überflutet ist, verliert die Kontrolle, kann seine Gedanken nicht mehr ordnen und greift auf primitive Reaktionen zurück. Physiologisch ist die Überflutung daran erkennbar, dass der Pulsschlag innerhalb eines Herzschlags um zehn, zwanzig oder gar dreißig Schläge pro Minute hochschnellt. Die Emotionen werden so stark und die Perspektive so verengt, dass kein vernünftiges Gespräch möglich ist.

Männer neigen in Beziehungen schon bei geringerer Intensität von Ärger eher zur Überflutung als ihre Frauen. Untersuchungen zeigen, dass bei Ehestreitigkeiten ihr Puls viel schneller steigt als der ihrer Frauen. Sie werden also durch die Auseinandersetzung mehr belastet. Allerdings geht ihr Puls sofort um zehn Schläge pro Minute wieder zurück, wenn sie anfangen, »dichtzumachen«. Es wirkt sich wie ein gesunder Schutzmechanismus aus, dass die Wut nicht unkontrolliert durchbricht, einmal für den Mann selbst, dann aber auch für die Frau.

Das Dilemma dabei ist allerdings: Im gleichen Moment, wenn der Mann ruhiger wird, geht bei den Frauen der Puls schlagartig in die Höhe – jetzt sind sie die mehr Belasteten, bei denen die Überflutung einsetzt.

> »Der Neigung der Männer zum Mauern entspricht bei den Frauen eine Neigung zur Kritk an ihren Männern. Diese Asymmetrie entspringt daraus, dass Frauen ihre Rolle als Manager der Emotionen wahrnehmen. Während sie versuchen, Meinungsverschiedenheiten und Anlässe für Beschwerden zu thematisieren und zu klären, scheuen ihre Männer vor den erhitzten Diskussionen, zu denen es zwangsläufig kommen muss, zurück. Wenn die Frau merkt, dass ihr Mann zögert, sich auf einen Streit einzulassen, steigert sie die Lautstärke und Heftigkeit ihrer Klagen und beginnt, ihn zu kritisieren. Wenn er daraufhin eine abwehrende Haltung einnimmt oder mauert, empfindet sie Frustration und Zorn, sodass sie, um die Stärke ihrer Frustration zu unterstreichen, zusätzlich Verachtung zeigt.«[32]

Und diese Teufelsspirale dreht sich natürlich weiter. Je zorniger sie wird, desto mehr mauert er – und umgekehrt.

Aus dieser Analyse ergeben sich auch die Wege zur

Lösung. Beide Geschlechter tun gut daran, sich ein Stück weit zu ändern. Für die Männer ist es sinnvoll, einem Konflikt nicht auszuweichen, nicht vorschnell praktische Lösungen anzubieten und mehr auf die gefühlsmäßige Seite des Problems einzugehen. Für Frauen ist es nützlich, nicht den Mann als Person mit seinem Charakter anzugreifen, sondern nur ein bestimmtes Verhalten. Da Männer leichter grundsätzlich verunsichert sind, können sie besser zuhören, »wenn eine Frau ihre Beschwerde in die beruhigende Versicherung verpackt, dass sie ihren Mann liebt«.[33]

Die Waffen von Männern und Frauen

Männer und Frauen wählen unterschiedliche Waffen für die Auseinandersetzung. Wie der italienische Strafverteidiger und Psychologieprofessor Guglielmo Gulotta lapidar feststellt: »Aufgrund der verschiedenen Rollen, die Männer und Frauen in unserer Gesellschaft einnehmen, neigen Männer zur Unterdrückung, Frauen hingegen zur Hinterlist.«[34]

Natürlich kann ein Mann auch eine typische weibliche Waffe anwenden und umgekehrt. In den heutigen Zeiten der schnellen Veränderungen passen sich die Geschlechter auch in ihren Waffen mehr an. Trotzdem gibt es geschlechtsbedingte Vorlieben. Ich beschränke mich auf diejenigen, die mir in den Aufstellungen immer wieder begegnen.

Da gibt es bei Frauen einmal eine bestimmte Art der Verachtung, die versteckt, aber sehr heftig ist. In Aufstellungen gipfelt sie manchmal in dem drastischen Satz »Männer sind Schweine«.

Frauen haben die größere Kraft in der Familie. Immer wieder gibt es Aufstellungen, bei denen die Frau und Mutter mit den Kindern im Mittelpunkt steht und der Mann und Vater am Rand. Bei Nachfragen stellt sich heraus, dass die Frau den Mann nicht in der Nähe haben will und der Mann sich abgelehnt fühlt. Ich habe noch nie das Gleiche umgekehrt erlebt, dass der Mann Mittelpunkt war und die Frau aus der Familie drängen konnte.

Eine der stärksten Waffen der Frauen sind die Kinder. Sie wissen das, und wenn es einen Kampf gibt, nutzen sie es aus.

Der Vater hatte seine 16½-jährige Lieblingstochter, mittlere von drei Schwestern, verstoßen, aus dem Haus geworfen und enterbt, weil sie mit ihrem Freund gehen wollte. Eine andere Schwester stellt die Familie auf.

Es zeigt sich eine enorme Spannung und Kampfbereitschaft zwischen Vater und Mutter. Sie ist voller Verachtung für den Mann. Er bleibt ungerührt und sagt ihr: »Ich bin stärker als du. Du kannst mich nicht erreichen.«

Er wird plötzlich schwach und energielos, als seine Frau ihm sagt: »Meine Tochter ist die Speerspitze, mit der ich dein Herz treffe.«

Die Waffen der Männer sind zum einen Gewalt. Hier kann ich nur auf das gewalttätige Zähneziehen in der Aufstellung zu Beginn des Kapitels verweisen.

Was Männer außerdem häufig tun und die meisten Frauen kennen, ist das Dichtmachen. Aber ist das nicht ein notwendiger Schutz vor der Überflutung, wie weiter oben zu lesen war? Brauchen Männer das nicht notwendigerweise, sodass es keine Waffe sein kann?

In der Aufstellung steht der Mann vor seiner zornigen Frau. Er hält den Zorn nicht aus und sagt: »Es ist mir zu viel, und ich mache dicht.« Er wirkt verängstigt und schwach, als er es sagt. Die Frau schaut ihn verachtungsvoll an.

Ich schlage ihm den Satz vor: »Und das Dichtmachen ist meine Waffe, und damit treffe ich dich.« Mit dem Satz richtet er sich auf, wird kräftiger und schaut die Frau herausfordernd an. Bei ihr ist die Verachtung verschwunden, und sie schaut ihn jetzt mit Interesse an.

Wenn der Mann dazu steht, dass im Streit das Dichtmachen auch seine Waffe ist, wird er stärker. Er fühlt sich nicht mehr als Opfer, sondern als fähiger Gegner. Mit dieser Haltung kann er auch nach dem Streit leichter auf die Frau zugehen, weil er sich ihr ebenbürtig fühlt.

Mit dem gleichen Blickwinkel gewinnt der Mann einen ganz andern Zugang zum Beispiel zur zeitweiligen Impotenz. Sieht er nur die Seite desjenigen, der will, aber nicht kann, fühlt er sich unfähig und minderwertig. Entdeckt er die Seite, dass die Impotenz einem Teil in ihm recht ist und dass er damit seiner Frau oder Frauen allgemein etwas heimzahlt, dann geht er in eine gute Richtung. Auf diesem Weg kann er Wichtiges über sich herausfinden, und er kommt mit seiner Kraft in Kontakt.

Zum Waffenstillstand mit der Aussicht, die Waffen ganz für einen zeitweiligen Frieden niederzulegen, kann es nur dann kommen, wenn beide sich ebenbürtig fühlen. Was es dazu brauchen kann, zeigt das nächste Beispiel.

Ein Teilnehmer berichtete mir, dass er sich öfters als recht wütend erlebt. Seine Frau dagegen sei friedlich und gutmütig. Aber er traue diesem Frieden nicht ganz. In einer gemeinsamen Gruppe kam es dann zu einem Konflikt über dieses Thema.

In einer der Entspannungsübungen kamen ihm eine Reihe sehr aggressiver Bilder, in denen er sich als tickende Zeitbombe und als Amokläufer sah. In der nächsten Pause erzählte er es seiner Frau, die davon aber nichts weiter hören wollte, sondern dichtmachte. Das verletzte ihn, weil er sich nicht angenommen fühlte.

In der nächsten Entspannung setzte er sich noch einmal innerlich mit dieser Situation auseinander. Dabei wurde ihm bewusst, dass er beim Erzählen doch nicht so harmlos und unschuldig gewesen war, wie er es sich vorgemacht hatte. Da gab es einen heimlichen Kitzel, ihr das Schreckliche zu erzählen und ihr damit Angst zu machen. Eigentlich, so meinte er, sei darunter seine eigene Angst vor der Frau versteckt. Und er habe nach dem Motto gehandelt »Lieber Angst machen als die eigene Angst spüren«.

In der nächsten Pause wollte er es seiner Frau mitteilen. Aber auch sie hatte eine Einsicht mitzuteilen, zu der sie während der letzten Entspannung gekommen war. Sie hatte sich mit ihrer Angst vor seinen Bildern befasst und danach gesucht, was sie in der Situation tun könne. Sie habe nach einem Gegenpol Ausschau gehalten und nach einem Bild von der eigenen heftigen Aggression gesucht. Es sei dann eine Frau ganz in schwarzem Leder aufgetaucht, eine Auftragskillerin. Die habe ein kleines Köfferchen bei sich, in dem fein säuberlich ihr Gewehr mit Zielfernrohr verpackt sei. Wenn sie einen Auftrag bekäme, sei sie ganz kalt und neutral und könne endlos warten, bis sie ihr Opfer beseitigt hätte.

Als der Mann das hörte, empfand er plötzlich etwas von dem Schrecken, den sonst seine Frau bei seinen Mitteilungen spürte. Und gleichzeitig war da ebenso eine Erleichterung, dass sie ihm auch auf dieser Ebene durchaus ebenbürtig war.

Zorn – das Brennholz der Leidenschaft

Eine Frau beklagt sich beim Pfarrer über ihren Mann und lässt kein gutes Haar an ihm.

Daraufhin der Pfarrer: »Aber Sie haben doch acht Kinder mit ihm. So schlecht kann das Verhältnis zu Ihrem Mann nicht immer gewesen sein.«

Die Frau: »Nun, Herr Pfarrer, was tut man nicht alles in der Wut!«[35]

Die Klientin hat schon öfters aufgestellt, immer wieder kehrt ein großer Zorn zurück.

Sie stellt auf: Vater, Mutter, sich selbst als Kind und eine Stellvertreterin für den Zorn. Der Zorn wird aufgefordert, sich frei zu bewegen und immer dahin zu gehen, wohin es ihn zieht. Alle stehen weit auseinander, jeder schaut in eine Ecke, nur der Zorn steht mächtig in der Mitte.

Es gibt wenig Beziehung zwischen den Eltern. Der Zorn stellt sich zur Mutter. Sie wird immer stärker wie ein Krieger und sagt: »Ich bin gnadenlos.« Als sie es ausgesprochen hat, wird der Zorn etwas schwächer, Mann und Frau können ein kleines Stückchen näher kommen. Als sie sich noch weiter nähern, geht der Zorn zum Kind. Das mag ihn nicht, sondern will, dass er verschwindet, und ist selbst zornig. Ich lasse das Kind den Zorn anschauen, sich vor ihm verneigen. »Du gehörst mit dazu.« Der Zorn wird freundlich, und bald haben wir ein friedliches Endbild.

Nun kommt die tatsächliche Klientin an die Stelle ihrer Stellvertreterin. Sie fühlt sich wohl, nur der Zorn stört sie. Der Zorn teilt mit, er fühle sich wieder stärker, und kommt ihr näher. Sie will ihn immer weniger und wehrt sich mit Gesten. Der Zorn meldet, jetzt sei er ganz stark da, fast mit ihr verschmolzen. Er sagt ihr: »Je mehr du mich weghaben willst, desto stärker werde ich.«

Der Zorn ist unser kraftvollstes Gefühl. Wer sich vom Zorn (aber auch von anderen Gefühlen) abschneidet, schneidet sich von seiner Kraft ab. Diese Kraft fehlt ihm dann auch in der sexuellen Begegnung. Deshalb bezeichne ich Zorn als »Brennholz der Leidenschaft«.

Mann und Frau stehen sich in der Aufstellung gegenüber. Sie erleben ihr Herz als offen, haben aber beide einen Kloß im Bauch und fühlen sich wie abgeschnitten. Ich ermuntere sie, sich gegenseitig den Satz zu sagen: »Der Zorn darf da sein. Ich kenne ihn auch. Er gehört dazu.« Die Augen beginnen zu funkeln. Beide wirken kraftvoller und lebendiger. Mit diesen Sätzen kommen Herz und Bauch zusammen.

Wer sich auf eine Liebesbeziehung einlässt, möchte die eigene Kraft spüren und die des anderen. Der Kampf, wie im letzten Abschnitt geschildert, ist auch ein Kräftemessen und Kräftespüren.

Meine Frau und ich kreisen im Gespräch um das Thema Aggression zwischen Männern und zwischen Männern und Frauen.

Bei Aggressionen zwischen Männern geht es bisweilen eher um ein Kräftemessen als Ritual. Bei solchen Kämpfen besteht deshalb eine unterschwellige Partnerschaft. Es wird eher sportlich als persönlich genommen. Die gleichzeitige Verneigung voreinander, wie sie bei asiatischen Kampfkünsten vor dem Kampf üblich ist, drückt am besten diese Gemeinsamkeit aus. Eine solche Verneigung löst ebenso in Aufstellungen Spannungen.

In sportlichen Kämpfen ist auch das Ende ritualisiert. Der Unterlegene, der am Boden festgehalten wird, klopft bei einem Ringkampf mit der Hand dreimal auf den Boden, und der Kampf ist beendet. Aber wenn es klar ist, dass es ein Kampf auf Leben und Tod ist, dann gehört der Tod als mögliches Ergebnis dazu und wird ohne Groll angenommen. So erlebte ich mehrfach in Aufstellungen von feindlichen Soldaten keinen Vorwurf, obwohl der eine den anderen erschossen hatte.

Wäre diese Verneigung vor einem Kräftemessen zwischen Mann und Frau denkbar? Angemessen? Als meine Frau und ich nach obiger Aufstellung im Gespräch um diese Fragen kreisen, kommen wir beide gleichzeitig zum Ergebnis: nein.

Was wäre ein Ende auf der archaischen und symbolischen Ebene? Dreimal mit der Hand auf den Boden klopfen? Wieder kommen wir fast gleichzeitig zum Schluss: Das »angemessene« Ende bei einem »echten« Kräftemessen wäre, wenn der Mann siegt, dass beide miteinander schlafen. Voraussetzung dabei ist, dass Mann und Frau, beide, sich einig sind, ihre Kräfte zu messen. (Gemeint ist nicht, dass ein Mann einseitig der Frau einen Kampf aufdrängt. Gemeint ist nicht eine Vergewaltigung!)

Wenn hingegen die Frau die Stärkere ist, schickt sie den Mann fort – und verachtet ihn. Meiner Frau fallen Episoden ein, bei denen sie im Kräftemessen – emotional oder intellektuell – einen Mann besiegt hat. Sie berichtet vom kurzen Moment des Triumphes, an den sich leichte Verachtung anschließt und der andere nicht mehr als »Mann« zählt.

Deutlich finden sich diese archaischen Bilder in der Nibelungensage wieder. Die unbezwingbare Brunhilde wird vom unerkannt bleibenden Siegfried besiegt. König Gunter gibt sich als ihr Bezwinger aus und heiratet sie. In der Hochzeitsnacht hängt sie ihn ans Fensterkreuz. Brunhilde kann sich Siegfried hingeben, der stärker ist, aber nicht Gunter, der schwächer ist. Für ihn bleibt nur Verachtung.

Wozu dient auf einer archaischen Ebene das Kräftemessen zwischen Mann und Frau? Sinnvoll ist es als Teil der Werbungsphase. Nur wenn der Mann stärker ist, darf er Partner werden. Dann hat er gezeigt, dass bei ihm Sicherheit und Geborgenheit möglich ist. Erst dann kann sich ihm die Frau hingeben.

Aus einem Kräftemessen, das Anstrengung fordert, entsteht Achtung. Dem Mann geht es nicht anders als der Frau. Auch er mag es, gefordert zu werden. Macht es ihm die Frau zu leicht, tut er sich schwer, Achtung aufzubringen, und es wird deshalb keine Bindung entstehen. Auch Männer suchen eine Frau, die ihnen Herausforderung ist. Sie kann er achten und sich deshalb binden.

Deshalb sind für das Kräftemessen die Begriffe vom Siegen und Unterlegensein nicht angemessen. Denn wenn es zu einer Bindung kommt, gibt es keinen Sieger und keinen Verlierer. Und auch im Sex gibt es keine Sieger und Verlierer – wer wollte am Ende Sieger sein und wer Verlierer? Der Mann? Die Frau? Siegen und verlieren ist als Beschreibung unangebracht.

Männer tun sich schwer, ihren Zorn zu zeigen, weil sie so schnell überflutet werden und dann die Kontrolle verlieren. Sie halten ihn lieber zurück. Wenn ein Mann aber nie zornig wird, verbirgt er vor seiner Frau einen wesentlichen Teil seiner Kraft. Frauen provozieren den Mann, um seinen Zorn zu sehen.

Frauen werden zornig, wenn sie dem Zorn des Mannes nicht begegnen. Das Bedürfnis der Frau, diesen Zorn zu sehen, ist enorm, aber nicht als Gewalt, sondern als Kraft! Das Risiko für die Frau liegt darin, dass es der Mann nicht schafft, seinen Zorn zu kontrollieren. Wenn der Mann – ohne Gewalt! – seinen Zorn ausdrückt, ist das in vielen Fällen für die Frau entspannend und erleichternd. Das ist auch dann der Fall, wenn ein Mann nicht mehr alles mit sich machen lässt, sondern – kontrolliert – eine Grenze zieht.

Wir tragen die Liebe und den Hass in uns. Wenn wir auch die dunkle Seite in uns sehen und annehmen, werden wir stärker, ehrlicher und verlässlicher. Das zeigt extrem die folgende Aufstellung einer Klientin:

Die Klientin liebt ihren Mann, mit dem sie verheiratet ist und zwei Kinder hat, aber sie kann sich ihm gegenüber nicht öffnen. In der Aufstellung ist sie abgewendet von ihrem Mann, will keine Beziehung. Der Mann spürt Spannung in der Brust. Ich stelle die Mutter dazu. Sie ist liebevoll mit dem Kind verbunden.

Ich nehme noch die Großmutter, plötzlich ist eine starke Energie im Raum. Die Enkelin schaut zu der Großmutter, die sehr belastet scheint. Ich frage nach ihrer Geschichte.

Ihr Mann hat als Soldat an der deutschen Front gekämpft. Sie war auf dem Hof in Schlesien, musste vom Hof fliehen. Drei der Kinder starben auf der Flucht. Ich stelle den Großvater hinzu.

Der Großvater und die Großmutter schauen sich an. Sie fühlt sich allein gelassen, wirkt wie versteinert. Er schaut liebevoll zu ihr. Es wirkt auf mich so, als ob etwas Schlimmes geschehen ist, das vielleicht nicht unbedingt etwas mit den beiden zu tun hat.

Ich frage nach Vergewaltigungen – die Klientin sagt, dass ihre Großmutter mehrfach vergewaltigt worden wäre. Ich stelle drei russische Soldaten hinzu. Die Großmutter ist voller Abscheu vor ihnen.

Sie dreht sich zum Großvater und schaut ihn voller Widerwillen an, sodass ich ihr vorschlage, ihm zu sagen: »Männer sind Schweine.« – »Ja«, meint sie sofort, spricht es nach und fügt von sich aus dazu: »Und du bist auch nicht besser.« Sie wirkt völlig verhärtet und versteinert.

Ich versuche einige Sätze, aber sie verändert sich nicht. Dann lasse ich sie zu ihrer Enkelin sagen: »Ich komme zur Hälfte von meiner Mutter und zur Hälfte von meinem Vater – wie du.«

Die Enkelin sagt spontan: »Ich nicht.« Es ist keine Lösung zu finden.

Ich gebe auf und lasse die Frau sich wieder zu ihrem Mann umdrehen. Es ist etwas Positives geschehen. Sie sieht ihren Mann mit freundlichen Augen an und sagt ihm spontan: »Du bist besser.« Liebevoll stellt sie sich neben ihn.

Ist das nicht ein gutes Ende? Nicht in der Tiefe, denn die Aufspaltung in »gute« und »böse« Männer ist keine endgültige Lösung.

Ich drehe ihn zu ihr um, damit er sie anschaut, und schlage ihm vor, zu sagen: »Ich bin nur ein Mann und trage alles in mir – auch den Vergewaltiger.« Danach sagt er, vorher, als die Frau so freundlich zu ihm war, hätte er einen Druck in der Brust bekommen. Der sei jetzt weggegangen.

Was heißt das? Warum dieser Druck? Weil jeder Mann und jeder Mensch das Gute und das Böse, die Liebe und den Hass in sich trägt. Jeder Mann trägt das Potenzial zum Vergewaltiger in sich, jede Frau das Potenzial zur Giftmörderin.

Ich schlage der Frau vor, zu ihrem Mann zu sagen: »Auch ich trage alles in mir.« Sie äußert den Satz und empfindet ihn als richtig.

Der Mann spürt jetzt wieder Nähe und Beziehung zu ihr und sagt: »Ich will dich als Frau – mit allem.«

Jetzt ist sie erleichtert und entspannt und kann liebevoll an der Seite ihres Mannes als seine Frau stehen.

Wir sehen hier: Die Lösung besteht nicht darin, den Zorn, die Wut und Aggression abzuspalten und vor sich zu verleugnen. Dann werden sie immer einmal unerwartet hervorbrechen, so wie der Dampfkochtopf, der irgendwann platzen *muss*. Wut und Zorn gehören mit dazu. Wenn ich sie achte, als wichtig annehme, dann lerne ich, ihre Kraft zu beherrschen.

Sind Frauen bessere Menschen?

Sind Frauen weniger zornig, friedlicher, liebevoller und deshalb liebenswerter? *Sind Frauen bessere Menschen?* So lautet der Titel eines Buchs, in dem der Autor Arne

Hofmann akribisch Belege dafür sammelt, dass Frauen *nicht* die besseren Menschen sind.

Es ist sicher kein Zufall, dass ich als männlicher Autor das Bedürfnis habe, einen solchen Abschnitt in das Kapitel über den Zorn einzufügen. Ich vermute, für Frauen wäre es weniger ein Thema einer Auseinandersetzung, für die einen nicht, weil die Antwort ein klares »Nein« wäre, für die anderen, weil sie nur ein selbstverständliches »Ja, natürlich« übrig hätten. (Oder ist das wieder nur verzerrte männliche Wahrnehmung?) Wahrscheinlich bin ich mir im tiefsten Inneren selbst nicht der Antwort sicher.

Das aggressive Potenzial der Männer erleben wir in den Kriegen und kriegerischen Auseinandersetzungen, ob wir nach Afrika, nach Palästina oder Jugoslawien schauen. Ihre Nähe ist uns alltäglich geworden. Männer bringen Männer um und daneben häufig auch Frauen und Kinder. In Massenvergewaltigungen, wie sie aus Jugoslawien berichtet wurden, scheint sich zudem ein direkter gemeinsamer Hass von Männern auf Frauen zu entladen.

Das sind alles Männer! Kein Wunder, dass viele Frauen inzwischen von ihrer moralischen Besserstellung überzeugt sind.

Mein Frauenbild hat sich durch meine Aufstellungsarbeit verändert. Es war vorher typisch männlich, verklärter. Dass Frauen genauso mörderisch hassen und keineswegs einen geringeren Zorn in sich tragen und auch ausleben als Männer, ist mir erst in Familienaufstellungen deutlich geworden. In vielen Frauen schlummert ein gewaltiger Zorn auf Männer. Er ist ihnen kaum bewusst. An der Oberfläche ist lediglich sichtbar, dass sie wenig Achtung für Männer haben und oft auf sie herabsehen. Zu Beginn eines Seminars kommt in den ersten Aufstellungen diese Feindseligkeit nur verhalten an die Oberfläche. Erst nach einem Tag oder länger darf sie sich in ihrer ganzen Heftigkeit zeigen. Dabei erlebe ich bei mir persönlich, dass ich allmählich mehr von dem weiblichen Zorn anschauen und »aushalten« kann. So traten in Aufstellungen, in denen das Dritte Reich Thema war, über viele Jahre allein Männer als Täter und Nazis auf. Die Frauen schienen nur Opfer zu sein. Erst in letzter Zeit zeigt sich in meinen Aufstellungen auch die weibliche Seite.

Ausgangsthema: Der Klient hat ein schlechtes Verhältnis zu seiner Frau.

Die Fakten der Herkunftsfamilie: Der Vater der Mutter war ein überzeugter Nazi gewesen, der Vater des Vaters ein Nazigegner. Die Eltern wanderten in die Schweiz aus, und der Mann wurde in der Schweiz geboren. Es stehen die Ehefrau und der Ehemann, seine beiden Eltern und die beiden Großväter.

Die Mutter will mit ihrem Vater, dem Nazi, nichts zu tun haben und schämt sich für ihn. Sie schaut ihren Sohn an und findet ihn schwach. Sie spricht hart und kalt zu ihm. Er bekommt Angst, und sie freut sich daran.

Ich schlage ihr den Satz vor: »Ich bin grausam und freue mich an deinem Leiden.« Sie stimmt zu, dann lasse ich sie zu ihrem Vater umdrehen: »Ich bin dir ähnlich, ich habe auch den Nazi in mir.« Ja! Sie schaut ihn so voller Enthusiasmus an, dass ich beiden den

Vorschlag zum Hitlergruß mache. Beide tun es voller Intensität.

Dann lasse ich die Mutter wieder umdrehen. Sie ist weiter voller Verachtung für den Sohn, sodass ich ihr den Satz gebe: »Keine Gnade für die Schwachen!« Sie äußert ihn voller Enthusiasmus. Dann sagt sie zum Sohn: »Ich bin voller Gewalt.« Der Ehemann fühlt sich schwach. Seine Frau verachtet auch ihn.

Ich lasse den Sohn (Klient) zum Vater der Mutter, dem Nazi, schauen und schlage ihm vor, neben den Großvater zu gehen. Vorsichtig tut er es schließlich, hat aber in seiner Nähe Angst. Es gibt einen Moment der Verbindung und Entspannung, dann löst er sich wieder und wird ganz klein und schwach.

Plötzlich ist auch die Ehefrau des Klienten voller Verachtung und Kälte. Ihm gebe ich den Satz: »Du bist wie meine Mutter, du bist die richtige Frau für mich.« Lachen und kurze Entspannung. Dann kommt die Kälte wieder, und es bleibt, wie es war; es tauchen keine Lösungsimpulse auf, und ich breche ab.

Ich selbst als Leiter kam einen Moment in der Aufstellung innerlich ins Stocken, als ich der Mutter vorschlug, zum Sohn zu sagen: »Ich bin voller Gewalt.« Das kann doch nicht sein, flüsterte eine innere Stimme, es ist doch die Mutter. Mein eigener innerer kleiner Junge erschrak vor der Wahrheit in dieser Familie.

Später fiel mir dann ein Rilke-Zitat aus den *Duineser Elegien* ein, das ich plötzlich zu verstehen glaubte und in dem ich die Mutter mit den Augen des kleinen Kindes sah:

»Denn das Schöne ist nichts als des Schrecklichen Anfang, den wir noch grade ertragen,
und wir bewundern es so, weil es gelassen verschmäht, uns zu zerstören.«

Nicht umsonst ist es schwer für Männer, ein angemessenes Frauenbild zwischen Verehrung und Verachtung zu bekommen.

In aktuellen Forschungen begegnen wir neuen Ergebnissen zur Aggressivität. Die Bielefelder Soziologin Christiane Schmerl (ist es nicht interessant, wie wichtig das Geschlecht des Forschers bei solchen Ergebnissen wird?) hat über das Aggressionspotenzial von Männern und Frauen geforscht und ist zu dem überraschenden Ergebnis gekommen: Frauen sind nicht friedlicher als Männer.[36] Sie sind grundsätzlich in gleicher Stärke aggressiv wie die Männer. Es lassen sich keine wesentlichen Unterschiede feststellen. Allerdings sind die Auslöser der Aggressionen unterschiedlich, und die Aggressionen zeigen sich auf andere Art und Weise.

Doch gibt es noch Unterschiede im Ausmaß bei Kindern und Heranwachsenden. Die Jungen und männlichen Jugendlichen raufen und prügeln sich eindeutig mehr. Je erwachsener beide Geschlechter werden, desto mehr gleichen sie sich aber an. Eine mögliche Erklärung für diesen Unterschied ist, dass die Mädchen auch hier einen Entwicklungsvorsprung haben. Sie schaffen es früher als Jungen, ihre direkten, körperlichen Aggressionen zu kontrollieren und indirekter auszudrücken, entweder sprachlich oder durch Verspotten, Freundschaftsentzug, Intrigieren und so weiter. Mädchen sind genauso aggressiv wie Jungen. Das setzt sich bei den Erwachsenen fort.

Wie kommt es dann, dass das Bild von der weitaus größeren Aggression der Männer in der Welt vorherrscht und auch durch viele Forschungsergebnisse unterstützt wird?

Wie Schmerl beobachtet hat, sind die hauptsächlichen Experimente zur Aggressionsforschung auf die typische Aggression der Männer abgestimmt. Da werden Versuchspersonen geärgert, und dann dürfen sie mittels Elektroschocks ihre Wut abreagieren. Wie Schmerl findet: ein sehr männliches Modell.

Ihre Aggressionen zeigen Frauen nur dann genauso stark wie Männer, wenn es gesellschaftlich erlaubt ist. Kulturvergleiche haben ergeben, dass das in vielen Gesellschaften so ist. Ansonsten halten sie die Wut zurück. Dabei sind in der gleichen Gesellschaft die Unterschiede in den Aggressionen von Männern und Frauen viel geringer als die Unterschiede zwischen verschiedenen Gesellschaften.

Frauen haben andere Gründe für ihre Aggression als Männer. Männer sind vor allem dann bereit, zu kämpfen, wenn es um ihren Status geht. »Das häufigste Ziel weiblicher Aggression ist eine andere Frau, das zweithäufigste der eigene Ehemann. Das häufigste Motiv aber sind Männer und ihr Verhalten.«[37] Frauen kämpfen eher mit bloßen Händen, doch ihren Ehemännern gegenüber drücken sie sich mehr indirekt aus, durch Beschimpfen und Aussperren.

Schnell kann ein solches an und für sich sachliches Thema in die Auseinandersetzung zwischen Männern und Frauen geraten. Denn es scheint eine unausrottbare Suche nach dem Schuldigen an der heutigen Misere in der Welt allgemein oder in der Beziehungswelt speziell zu geben. »Einer muss doch schuld sein!« Da steckt Verzweiflung dahinter und die Hoffnung, wenn der oder die Schuldige dingfest gemacht ist, dass Änderung automatische Folge wäre.

Vielleicht ist auch für diese Auseinandersetzung ein Satz hilfreich, der bei der Trennung eines Paares lösend wirkt. Mann und Frau stehen sich gegenüber. Dann sagt der Mann: »Ich übernehme meinen Teil der Verantwortung (an der Trennung) und lasse dir deinen Teil.« Dann sagt ihm die Frau das Gleiche. Wenn es stimmig ist und beide ihre Verantwortung tatsächlich zu nehmen anfangen, werden sie verständnisvoll und friedlicher.

Frauen – das stärkere Geschlecht?

> Auch wenn Papa ständig was anderes will, machen wir doch, was Mama vorschwebt.
>
> *Kinderzitat*

> Die Wärter im Zoo müssen ihre Tiere so lieben, wie sie ihre Frau lieben – aber sie brauchen keine Angst vor ihnen zu haben.
>
> *Kinderzitat*

Sind Frauen das stärkere Geschlecht? Diese Frage stelle ich mir schon lange. Ich bin nicht allein damit.

Rosmarie Welter-Enderlin spricht vom ehemaligen Ideal der Kleinfamilie, das geprägt ist vom »offiziellen

Patriarchat und heimlichen Matriarchat«, wo der Mann draußen viel gilt, aber drinnen wenig und die Frau draußen wenig und innen viel.[38]

Ich erinnere mich an mein erstes Kommunikationsseminar, an dem nur Männer teilnahmen. Bis dahin hatte ich Seminare gehalten, an denen überwiegend Frauen teilnahmen. Es war ein fünftägiges Training für Straßenbaumeister. Thema: »Erfolgreiche Zusammenarbeit im Team«. Die Teilnehmer hatten die anstrengende Aufgabe, meist auf Autobahnen mitten im Verkehr und im Lärm mit Kolonnen von zehn bis fünfzehn Arbeitern Straßenbeläge zu legen. Alles gestandene und in der harten Arbeit erprobte Männer. Ich war etwas ängstlich, ob ich vor diesen Männern würde bestehen können.

Es wurde ein intensives Seminar. Höchst überrascht war ich von dem persönlichen Fazit, das in mir am letzten Tag wie von selbst auftauchte. Es waren die Gedanken: »Männer sind wie rohe Eier. Da muss man extrem aufpassen!«

Mein grundlegender intuitiver Eindruck von dieser Truppe harter Männer war, dass unter dem rauen Auftreten ganz viel Unsicherheit verborgen lag. Die Unsicherheit zeigte sich in großer Vorsicht, sich mit persönlichen Meinungen und Überzeugungen zu exponieren. Die Unsicherheit zeigte sich in der Suche nach der Autorität, dem Fachmann für Mitarbeiterführung, der einem sagt, wie es »richtig« gemacht wird.

In den Seminaren, die ich bis dahin durchgeführt hatte, waren häufig die Frauen in der Mehrzahl gewesen. Ohne es mit Fakten belegen zu können, schienen mir im Vergleich zu Männern die Frauen in sich stabiler. Dieser Eindruck ist umso überraschender, da diese Stabilität oft verborgen unter einer großen Unsicherheit ruht – genau umgekehrt wie bei Männern.

Als Mann tröstete ich mich mit dem Gedanken: »Wie gut, dass viele dieser Frauen nicht wissen, wie stark sie eigentlich sind. Wehe sonst den Männern...«

Die Frage, ob Frauen das stärkere Geschlecht sind, stellt sich mir besonders, seitdem ich Männer und Frauen in Aufstellungen durch ihre Stellvertreter repräsentiert sehe.

Männer mögen vielleicht körperlich stärker sein. Aber diese Stärke wird in Aufstellungen nicht eingesetzt. Es geht dort mehr um Durchsetzungskraft und um Einfluss. Ich bilde in Aufstellungen auch nicht die hohe Politik nach (es gibt Aufstellungen, wo das das besondere Thema ist). Was mir auffällt, ist, dass Männer in Auseinandersetzungen Frauen nicht gewachsen sind. Im Grunde haben sie Angst vor den Frauen.

Der Klient fühlt sich sehr heimatlos. Seine Mutter hatte vier Kinder mit ihrem ersten Mann, der sich 1942 freiwillig an die Front meldete, wo er fiel. Sie heiratete dann einen Kriegskameraden, hatte noch einmal drei Kinder, eines davon der Klient.

In der Aufstellung steht der erste Mann hinter der Frau. Sie steht neben dem zweiten Mann, zu dem sie sich hingezogen fühlt.

Als sie sich auf meine Aufforderung hin umdreht, spürt sie zunächst Angst vor ihm. Er fühlt sich weit entfernt, spürt aber tief drunten Zuneigung. Als er ihr das mitteilt, verliert sie die Angst und empfindet jetzt ihm gegenüber Gleichgültigkeit.

Ich lasse ihn sagen: »Ich war dein Mann, wir haben vier Kinder. Ich habe mich freiwillig an die Front gemeldet und bin dort gefallen.«

Die Frau wird plötzlich sehr zornig: »Ich werfe dir vor, dass du dich freiwillig gemeldet und mich verlassen hast.« Sie ist dabei extrem zornig.

Der Mann sagt: »Dieser Zorn macht mir Angst. Da habe ich mich lieber freiwillig gemeldet.«

Sie nur voller Zorn: »Du Feigling!«

Manchmal scheinen Männer solche Feiglinge zu sein, dass sie lieber in den Krieg ziehen, als bei der Frau zu bleiben. Was mögen die Hintergründe dieses Kampfes zwischen Männern und Frauen sein?

Frauen sind mehr in der Natur verwurzelt und stärker im Leben. Insofern sind sie den Männern überlegen. Die können das nicht aushalten, fühlen sich schwächer, wollen sich deshalb als die Stärkeren fühlen und unterdrücken die Frauen. Gleichzeitig betonen sie den Intellekt.

Hellinger spricht vom notwendigen Ausgleich (mehr davon im nächsten Kapitel). Was Kinder von ihren Eltern empfangen haben – das Leben –, geben sie an die eigenen Kinder weiter. Zum Entstehen des Lebens gehört zum einen die Vereinigung von Ei und Samenzelle. Dann aber trägt die nächsten neun Monate die Mutter das Kind in ihrem Bauch, lässt es wachsen und bringt es zur Welt. Dafür schuldet das Kind der Mutter besonderen Dank. Töchter können es ausgleichen durch das Gebären eigener Kinder – nicht aber Söhne und Männer. Sie müssen den Frauen etwas schuldig bleiben und das Ungleichgewicht aushalten. Solange sich das ein Mann nicht eingesteht, wird es zwischen ihn und jede Frau treten.

Hellinger: »Du kennst doch das Märchen von einem, der auszog, das Fürchten zu lernen? Weißt du auch, wo er das gelernt hat? – Im Bett einer Frau.«[39]

Zum Anregen

Übung:
Ich empfehle Ihnen eine kleine Übung, wenn Sie sich wieder einmal über Ihre(n) Partner(in) aufregen und ärgern:

Stellen Sie sich Ihren Partner vor. Drehen Sie sich dann um und schauen Sie innerlich in Richtung Ihrer Familie, zu Mutter und Vater und zu allen anderen. Sie müssen niemanden genau sehen. Es genügt, wenn Sie in die Richtung schauen und hinspüren. Nehmen Sie sich einen Moment Zeit. Drehen Sie sich wieder zurück und nehmen Sie wahr, was anders ist.

Übung:
Entspannen Sie sich, schließen Sie die Augen und lassen Sie ein Bild für Wut aufs andere Geschlecht und den Schmerz im Nebel auftauchen.

Nehmen Sie den richtigen Abstand. Sagen Sie: »Du gehörst dazu. Ich achte dich.« Verneigen Sie sich davor. Was ist anders?

Zum Überdenken:

Hohnen: »Da gibt es Paare, bei denen einer der Partner sagt, ich will mich nicht verändern, weil er einen Druck spürt, sich verändern zu sollen. Daraus resultiert die Haltung ›Ich will mich nicht verändern‹.«

Hellinger: »Das ist er seiner Würde schuldig. Die Veränderung geschieht nur im Freiraum, nicht unter Druck. Unter Druck verändert sich gar nichts. Vielleicht äußeres Verhalten, aber innen wird gerade durch die Forderung, dass einer sich verändern muss, das aufgebaut, was die Veränderung hindert. Dann ist die Veränderung nur eine Unterwerfung, und die ist nur äußerlich. Der Mann sagt dann: Ja, ich mache alles – und geht dann ins Wirtshaus. Was hat dann die Frau davon? Das gilt natürlich auch umgekehrt.«

Ulsamer: »Ich habe in Aufstellungen von Paarbeziehungen oft an der Oberfläche einen Kampf erlebt. Der eine sagt, ändere dich, der andere sagt, ich denke nicht dran. Darunter ist eine aggressive Energie spürbar. Es geht mehr um diesen Zorn als um das tatsächliche Ändern. Andererseits ist es aber auch so, dass man sich den Partner gesucht hat, der zu der eigenen Familientradition passt. Irgendwann kommen beide an den Punkt, dass sie das sehen und sagen: Es passt zwischen uns. Das erleichtert beide.«

Hellinger: »Die Aggression kommt eigentlich aus der Einsicht, dass ich mich nicht ändern will oder das, was notwendig ist, anerkennen will. Wer vom anderen fordert, dass er sich verändert, der will sich selber nicht verändern. Gerade dadurch, dass der andere das nicht macht, kommt der Zorn. Und wenn der andere es macht, kommt der Zorn auch. Der Zorn hat nämlich damit gar nichts zu tun. Es kann ein übernommener Zorn sein, aber irgendwas Seltsames geht in der Seele vor, wenn einer sagt, du musst dich ändern. Er spürt durch die Gegenwart des anderen, dass etwas anderes auch gültig ist. Das kann er nicht neben sich haben, will aber auch selber keinen Schritt machen. Das ist die Passivität, die sich weigert, selbst etwas zu tun. Mir fällt das Beispiel ein: Jemand möchte eine Gehaltserhöhung haben, und statt dass er darum bittet, wird er zornig. Der Zorn kommt daher, dass er selber nichts macht.

Wenn ich vom Partner etwas haben will, kann ich ihn bitten. Oft macht der Partner das dann gern. Aber oft werden Partner, statt dass sie, was sie wollen, erbitten, auf den anderen wütend. Der innere Vorgang ist hier sehr subtil. Ich will eigentlich nicht, dass der andere etwas für mich tut, sonst würde ich ihn ja bitten. Damit kann auch ich in meiner Passivität bleiben und, statt zu handeln, zornig werden.«

Ulsamer: »Ich habe auch das Bild, wenn sich jemand wirklich unter meinem Druck ändert, würde ich ihn verachten.«

Hellinger: »Genau. Mit Druck kann überhaupt nichts erreicht werden.«[40]

Und zum Schluss dieses wichtigen Kapitels noch einmal wohl ausgewogen etwas heftiger (wir wissen, beide Geschlechter schenken sich nichts):

Für die Frau: Warum wiegen verheiratete Frauen mehr als Singles? Singles kommen nach Hause, sehen, was im Kühlschrank ist, und gehen ins Bett. Verheiratete Frauen kommen nach Hause, sehen, was im Bett ist, und gehen zum Kühlschrank.[41]

Für den Mann: Der Psychiater redet der Ehefrau des Patienten ins Gewissen. Ihr Mann leidet unter schweren Depressionen. Er braucht wirklich absolute Ruhe und Erholung. »Ich weiß, Herr Doktor, aber er hört einfach nicht auf mich.« – »Ausgezeichnet«, meint der Psychiater, »das ist ein guter Anfang!«[42]

Für die Frau: Was ist der Unterschied zwischen einem Kuhschwanz und einer Krawatte? Der Kuhschwanz verdeckt das ganze Arschloch.[43]

Für den Mann: Wovon spricht man, wenn eine Frau in der Küche festgekettet ist? Von artgerechter Haltung.[44]

Für die Frau: »Tief in seinem Inneren weiß jeder Mann, dass er ein wertloser Misthaufen ist. Er ist geil wie ein Vieh und schämt sich deswegen zutiefst« (Valerie Solanas).[45]

Für den Mann: »Der Mann fürchte sich vor dem Weibe, wenn es hasst; denn der Mann ist im Grunde der Seele nur böse, das Weib aber ist dort schlecht« (Friedrich Nietzsche).

Für beide: Die Badezimmertür öffnet sich, und ein Mann tritt ein, dessen Gesicht noch deutlich die Spuren einer durchzechten Nacht trägt. Er schaut in den Spiegel und sagt: »Ich kenne dich zwar nicht, aber ich rasiere dich trotzdem.« Etwas später benutzt die Frau das Bad. Sie schaut ebenfalls in den Spiegel und sagt: »Dieses Ekel gönne ich ihm.«[46]

Und der Weg in die gemeinsame, gleichberechtigte Zukunft sieht so aus:

Oslo (dpa): Der norwegische Ombudsman für Gleichberechtigung hat die Klage einer Frau in Tromsø wegen Ungleichbehandlung auf einer öffentlichen Toilette abgewiesen. Wie die Zeitung Dagbladet am Dienstag berichtete, reagierte die Osloer Behörde auf die Eingabe einer Studentin. Sie hielt es für unvereinbar mit dem Gebot der Gleichbehandlung, dass das Pinkelbecken einer neu errichteten öffentlichen Unisex-Toilette im Zentrum gratis benutzt werden kann, das Sitz-WC aber 5 Kronen (65 Cent) kostet. Die Ombudsman-Behörde holte eine Auskunft des Herstellers ein, der klarstellte, dass Frauen das kostenlose Urinal in der Hocke durchaus nutzen könnten und dies in der Stadt Trondheim nachweislich auch täten. Die Eingabe der Studentin wurde daher abgewiesen.[47]

Kapitel 4

Was es heißt, ein Paar zu sein

Dass zwei Erwachsene zusammenleben können, ist eines der größten Wunder; in den meisten Fällen können sie es wirklich nicht, was nur dadurch verdeckt wird, dass sie auch nicht auseinander können.

Ludwig Marcuse

Für die Mädchen ist es besser, ledig zu bleiben, aber die Jungs brauchen jemand zum Putzen.

Kinderzitat

In diesem Kapitel geht es zunächst um einige grundlegende Aussagen von Bert Hellinger, die er zum Thema »Paar« gemacht hat. (Darüber hinaus ist dem Thema Sexualität das nächste Kapitel gewidmet.) Ich zitiere deshalb zentrale Passagen wörtlich.

> *Hellinger:* »Der Mann nimmt sich eine Frau, weil er spürt, dass ihm als Mann die Frau fehlt, und die Frau nimmt sich einen Mann, weil sie spürt, dass ihr als Frau der Mann fehlt. Beiden fehlt, was der andere hat, und jeder kann geben, was der andere braucht. Damit eine Paarbeziehung gelingt, muss also der Mann ein Mann sein und ein Mann bleiben, und die Frau muss eine Frau sein und eine Frau bleiben.«[48]

Folgt die Frau dem Mann?

»Du musst heute Abend mit mir anstoßen, Kerstin. Hier, nimm den Sekt.«

»Was ist denn los, Markus? Bist du befördert worden?«

»Noch nicht, aber bald. Ich habe heute ein tolles Angebot bekommen. Das mir! Ich kann die Vertretung für unsere Firma in Berlin übernehmen. Ja, ich habe auch genügend geschuftet dafür. So eine riesengroße Chance!«

»Aber Markus, das sind doch 500 Kilometer von hier. Willst du dann immer nur am Wochenende hier sein?«

»Nein, natürlich nicht, Kerstin, du kommst natürlich mit. Eine Sachbearbeiterstelle, wie du sie hier hast, findest du doch in Berlin allemal. Und dann nehmen wir uns dort eine größere Wohnung. Ach, ich freu mich schon so.«

»Aber Markus …«

An dieser Stelle blenden wir uns aus, und Sie können selbst überlegen und festlegen, wie es weitergehen soll.

Wenn Hellinger ein konservatives, altmodisches Weltbild vorgeworfen wird, dann entzündet es sich meist an dem Thema dieses Abschnitts. Wer folgt wem? Hören wir doch den Originalton:

Hellinger: »Dennoch gehört zur Ordnung der Liebe zwischen Mann und Frau, dass die Frau dem Mann folgt. Das heißt, dass sie ihm folgt in seine Familie, an seinen Ort, in seinen Kreis, in seine Sprache, in seine Kultur, und dass sie zustimmt, dass auch die Kinder ihm folgen. Ich kann diese Ordnung nicht begründen, doch sie erweist sich als wirklich an ihrer Wirkung. Man braucht nur Familien, in denen die Frau dem Mann und die Kinder dem Vater folgen, mit Familien zu vergleichen, in denen der Mann seiner Frau und die Kinder ihrer Mutter folgen. Doch es gibt auch hier Ausnahmen. Wenn es zum Beispiel in der Familie des Mannes schwere Schicksale oder Krankheiten gibt, dann ist es für den Mann und die Kinder sicherer und gemäß, wenn sie in den Bannkreis der Familie der Frau und in den Bannkreis ihrer Sippe treten. Allerdings gibt es auch hier einen Ausgleich; denn zur Ordnung der Liebe zwischen Mann und Frau gehört hier als Ergänzung, dass der Mann dem Weiblichen dient.«[49]

Wenn Sie sich, lieber Leser, liebe Leserin, (vermutlich!) provoziert fühlen, dann erinnere ich Sie an meine Einführung. Ich habe Sie ermuntert, Ihren bisherigen Standpunkt zu hinterfragen, hinzuschauen und sich ein eigenes Urteil zu bilden. Vorschnelle Entrüstung könnte den Blick trüben.

Kommt der Mann also vor der Frau? Ist er ihr überlegen? Und steht nicht auch meist der Mann in einer Aufstellung am ersten Platz?

In Aufstellungen stehen Mann und Frau gleichberechtigt nebeneinander vor den Kindern und nehmen als Eltern die Aufgaben gegenüber ihren Kindern wahr. Vater und Mutter sind gleich viel wert, gleich wichtig.

Es spielt keine Rolle, wer am ersten Platz steht. Die Erfahrung aus vielen Aufstellungen zeigt, dass sich oft mit dieser Anordnung beide Partner gestärkt und wohler fühlen. Der Mann übernimmt mehr Verantwortung für die Familie, und die Frau ist dadurch entlastet und kann mehr entspannen.

Mein Verständnis von den Sätzen »Die Frau folgt dem Mann, und der Mann dient dem Weiblichen« ist folgendes: Der Kern der Paarbeziehung ist die Weitergabe des Lebens. Die Frau, in deren Bauch ein Kind wächst und die es dann zur Welt bringt, ist dem noch näher als der Mann. Das ist das »Weibliche«, dem der Mann zu dienen hat. Und in mancher schwierigen Paarbeziehung ist sichtbar geworden, dass es heilsam ist, wenn die Frau dem Mann folgt, zum Beispiel in seine Heimat.

Die Aussagen Hellingers wurzeln nicht in irgendeiner Ideologie, sondern in den Beobachtungen der Aufstellungen. Das, was die Stellvertreter in der jeweiligen Aufstellung spüren, zählt. Jede Regel hat ihre Ausnahme. Manchmal steht zum Beispiel auch die Frau am ersten Platz, und es ist ihr richtiger Platz. Es sind immer die Stellvertreter, die spüren, ob beide sich an ihrem Platz wohl fühlen.

Ganz gleich, ob die Frau am ersten Platz steht und der Mann am zweiten oder umgekehrt – die Stellvertreter müssen herausfinden, was in dieser besonderen Familie die Ordnung ist. Eine Paarbeziehung ist kein Olympiakampf, wo eine Goldmedaille und eine Silbermedaille vergeben werden. Da steht nur jemand links oder rechts von jemandem. Und dieser Platz entscheidet nicht über die Wertigkeit. Mann und Frau sind gleichwertig.

Es ist auch nicht so, dass, wer rechts steht, den Vorrang vor dem anderen hat. Bei Kindern, da gibt es den ersten Platz und den zweiten. Das hat damit zu tun, dass der Ältere Vorrang hat. In der Paarbeziehung ist das nicht so.

Ich halte diese Ausführungen Hellingers für sehr bedenkenswert und kenne Beispiele, wo sich der Standpunkt als hilfreich erwiesen hat.

So hatte ein befreundetes Paar immer wieder über ein bestimmtes Thema Auseinandersetzungen. Der Mann war Amerikaner und seiner deutschen Frau nach Deutschland gefolgt. Obwohl er schon einige Jahre in Deutschland lebte, vermied er es hartnäckig, Deutsch zu erlernen und zu sprechen. Für die Frau war das ein ständiges Ärgernis. Erst durch die Aussagen Hellingers änderte sich ihr Standpunkt. Sie verstand plötzlich, dass der Mann, der ihr gefolgt war, wenigstens einen wichtigen Bereich brauchte, in den hinein sie ihm folgte. Von daher konnte sie mit der englischen »Enklave« besser leben.

Ich berücksichtige und integriere die Gedanken Hellingers – ohne dass ich sie als »Lehrmeinung« vertrete. Wichtig ist vor allem das Hinschauen zum Einzelfall und zu der jeweiligen besonderen Situation.

Und letztendlich ist es immer das jeweilige Paar, das seine eigene Lösung finden muss. Keiner kann Kerstin und Markus die Entscheidung über ihren Wohnort und ihr weiteres berufliches Fortkommen abnehmen. Sie sind denn auch die Einzigen, die die Folgen ihres Handelns zu tragen haben.

Zum Schluss dieses Abschnitts noch ein paar Ausführungen Hellingers zu dem Hintergrund seiner Einsichten.

Hellinger: »Allein die Tatsache, dass für die Frau bei der Geburt die Gefahr des Todes gegeben ist, macht das weibliche Schicksal schwerer. Das Weibliche ist dem Wesentlichen näher als das Männliche, das ist für mich ebenfalls ganz klar. Und wenn ich es in dem vorhin erwähnten Zusammenhang sehe, dass der Urgrund oder die Seele auch weiblich ist oder dass das Weibliche dem auf besondere Weise verbunden ist, in der Art, wie es sich darstellt und wie es auch gelebt wird, dann bringt das eine tiefe Hochachtung vor dem Weiblichen, vor dem Mütterlichen und vor dem ganzen Dienst, den die Frau leistet, mit sich.

Verglichen damit, ist das Männliche leichter, auch leichtgewichtiger und hat nicht die gleiche Kraft und Tiefe wie das Weibliche. Das Männliche steht im Dienste des Weiblichen in diesem tiefen Sinn. Über die Achtung vor dem Weiblichen bekommt der Mann Zugang zur Tiefe der Seele... Ich versuche manchmal, das spezifische seelische Gewicht von jemand zu bestimmen – auch wenn es ein bisschen leichtfertig ist. Eine Mutter mit ihren Kindern hat für mich ein ungleich größeres seelisches Gewicht als zum Beispiel ein meditierender Mönch oder ein Zölibatärer. Nicht, dass das andere nicht auch seine Größe hat! Aber es besonders zu verehren, ist für mich eine Missachtung des Weiblichen.«[50]

Der Ausgleich im Guten und im Schlimmen

Hast du viel,
schweige still.
Nicht beeilen
mit dem Teilen,
wenn ohne Not,
weil Undank droht.[51]
Manfred Rommel

»Du beteiligst dich in letzter Zeit überhaupt nicht mehr an der Hausarbeit, Markus«, meint Kerstin vorwurfsvoll.

»Tut mir Leid«, sagt Markus bedauernd, »aber ich habe so viel anderes um die Ohren.«

»Das ist keine ausreichende Entschuldigung, mein Lieber. Schließlich bezahlen wir den gleichen Anteil in die Haushaltskasse«, fährt Kerstin fort, »also beteilige dich gefälligst genauso viel wie ich.«

Als einen wesentlichen Pfeiler für die Paarbeziehung beschreibt Hellinger den Ausgleich zwischen Geben und Nehmen bei einem Paar. Auch diese Aussagen Hellingers sind grundsätzlicher Natur, und ich zitiere deshalb ausführlich:

Hellinger: »Eine Paarbeziehung gelingt, wenn Geben und Nehmen ausgeglichen sind. Das Modell für den

Ausgleich von Geben und Nehmen in einer Paarbeziehung ist der sexuelle Vollzug. Im sexuellen Vollzug gibt jeder und nimmt jeder, sowohl als auch. Wenn beim sexuellen Vollzug der eine begehrt, er also der ist, der will, und der andere gewährt, also er der ist, der gibt, dann ist die Paarbeziehung bereits im Keim gefährdet. Es müssen beide gleichermaßen begehren und gewähren, geben und nehmen.

Derjenige, der begehrt, ist in einer unterlegenen Position, denn er tritt als der Bedürftige auf. Wenn der andere nicht bedürftig ist, sondern nur gewährt, dann tritt er als der Gebende auf, als der Größere. Doch dann ist im Grunde die Paarbeziehung beendet. Also, auf dieser Ebene muss der volle Ausgleich zuerst gewährleistet sein. Beide müssen anerkennen, dass sie bedürftig sind, und beide müssen anerkennen, dass sie dem Partner etwas Besonderes geben können. Dann wird es ein wirklicher Vollzug der Liebe.

Auf dieser Grundlage und nach diesem Modell muss sich auch der andere Austausch von Geben und Nehmen bei dem Paar vollziehen. Wenn der eine sagt: ›Ich habe ein so weites Herz, es fließt vor Liebe über‹, und er den Partner mit seiner Liebe überschüttet, fühlt er sich groß: ›Ich liebe.‹ Doch was ist mit dem anderen? ›Ach, er soll es nur mal nehmen.‹ Der andere hat dann gar keine Chance, etwas Ebenbürtiges zurückzugeben und das einzubringen, was auch er zu schenken hat, weil der andere mit seinem so genannten großen Herzen sagt: ›Ich habe genug.‹ Doch bald wird der, der mit dieser Liebe überschüttet wird, dem anderen böse und will nichts mehr von ihm haben.

> In einer Paarbeziehung darf jeder nur so viel geben, als der andere auch nehmen und zurückgeben kann. Jeder kann immer nur ein wenig nehmen, niemals alles. Daher gibt man nur so viel, wie der andere nehmen kann. Das ist wieder ein großer Verzicht, der das Paar erzieht.«[52]

Und noch ein früher Text, in dem es um die elementaren Grundlagen von Geben und Nehmen geht:

> *Hellinger:* »Die Paarbeziehung gelingt durch den ständigen Ausgleich von Geben und Nehmen, verbunden mit Liebe. Ein Beispiel: Ein Mann schenkt seiner Frau etwas, weil er sie liebt. Sobald er ihr das Geschenk überreicht hat, ist er in einer überlegenen Position. Er ist der Geber, die Frau nimmt. Aber sie spürt jetzt, weil sie genommen hat, dem Mann gegenüber eine Verpflichtung. Sie versucht, auszugleichen, indem auch sie ihm etwas gibt, und weil sie ihren Mann liebt, gibt sie ihm zur Vorsicht etwas mehr, als er ihr geschenkt hat. Jetzt kommt der Mann unter den Druck der Verpflichtung. Er versucht, auszugleichen, und weil er seine Frau liebt, gibt auch er ihr etwas mehr. So kommt durch das Bedürfnis nach Ausgleich, verbunden mit der Liebe, ein sich steigernder Austausch zustande, ein großer Umsatz von Geben und Nehmen. Das bindet das Paar noch inniger aneinander, und so wächst in dem Paar das Glück. Dieser Austausch im Guten ist ein Eckpfeiler einer guten Paarbeziehung.«[53]

Es ist eine Art poetische Weisheit, die aus den Worten von Hellinger spricht und bei vielen eine Saite im Herzen erklingen lässt. Annehmen und Geben beglückt und verpflichtet gleichzeitig – und es bringt uns in Abhängigkeit vom Partner, der uns ja auch gibt und damit beglückt.

Gerade in der Zeit der ersten Liebe wird diese Spirale von Geben und Nehmen zu einer Grundlage der Beziehung. Fortwährende Steigerung des Austausches ist denkbar – bis das Paar an seine Grenzen, die äußeren und die inneren, stößt. Dann ändert sich etwas, es pendelt sich ein Maß an Geben und Nehmen ein, das dem jeweiligen Paar entspricht.

Aus meiner eigenen Paarerfahrung erscheinen mir dann die kleinen Gesten und Aufmerksamkeiten wichtiger als der große Umsatz im Hintergrund. Denn dic Gefahr ist bei längeren Beziehungen, dass das, was gegeben und genommen wird, zur Routine verkommt und nicht mehr geschätzt wird. Die Aufmerksamkeiten erhalten die Liebe am Leben, Unaufmerksamkeit auf Dauer lässt sie verblühen.

Gibt es auf lange Sicht zwischen Geben und Nehmen ein Ungleichgewicht, muss einer der beiden Partner gehen. Dieses Ungleichgewicht ist aber sehr selten, denn es geht hier nicht um den äußeren Austausch im Materiellen, sondern um das, was sich in der Beziehung des Paares im Inneren abspielt.

Im Regelfall »passt etwas« in der Paardynamik. Jeder hat etwas von dem Arrangement, so ungleich es vom Äußeren auch aussehen mag. So gibt es zum Beispiel tiefe Gründe, die meist mit der familiären Geschichte zu tun haben, warum die immer wieder verprügelte Frau des Alkoholikers ihn nicht schon lange verlassen hat. Sie ist nicht bloß Gebende, sondern sie bekommt auch etwas durch diese Ehe. Oder der Mann, der die behinderte Partnerin im Rollstuhl heiratet, gibt auf der einen Seite etwas Großes, indem er sich auf diese Beziehung und die vielen Nachteile, die er dadurch hat, einlässt. Auch er wird meist etwas Besonderes durch diese Beziehung gewinnen.

Wenn etwas im Geben und Nehmen, im Fordern und Gewähren sehr ungleich wirkt, dann spielt sich im Hintergrund regelmäßig das »Kampfspiel« zwischen Mann und Frau ab. Beide sind dabei mit ihrer Familie verbunden. Außenstehende können das Wesentliche dabei oft nicht abschätzen.

Wenn der andere nicht in gleichem Maß zurückgibt, muss er gehen, weil er das Ungleichgewicht und die eigenen damit verbundenen »Schulden« nicht aushält. Es gibt eigentlich nur ein »klassisches« Beispiel für ein Ungleichgewicht, das oft mit der Trennung endet. Mann oder Frau, meistens aber die Frau, unterstützt den Partner lange Jahre bei der Berufsausbildung, meist einem Studium, hält ihm den Rücken frei und ist eigentlich nur die Gebende. Nach Ende des Studiums verliebt sich der Mann in eine andere und geht.

Das Besondere an dieser Situation ist, dass er in seiner Ausbildung noch nicht wirklich selbständig und damit »ehereif« ist. Vermutlich könnte er sich das Geld auch selber erarbeiten, wie viele Werkstudenten es tun. Er will aber Unterstützung, um auf die eigenen Beine zu kommen. Statt dass er sie von seinen Eltern erhält, übernimmt die Frau die Rolle seiner Eltern. Er nimmt sie an, und die Frau gibt sie ihm, wodurch sie ihren Teil zu diesem besonderen Arrangement beiträgt. Gerade der Mann, der nach dem traditionellen Rollenmodell Ernährer der Familie sein sollte, bringt sich in eine unglückliche Situation – und die Frau unterstützt ihn dabei.

Beim Geben und Nehmen gibt es einen weiteren wichtigen Bereich – den Ausgleich im Schlimmen:

Hellinger: »Nun gibt es in vielen Ehen aber auch Situationen, wo der eine dem anderen etwas antut, was diesen verletzt. Auch hier hat der Partner, dem etwas angetan wurde, das Bedürfnis, auszugleichen. Er hat ein Bedürfnis nach Rache. Also tut dieser Partner dem anderen etwas Böses an, aber oft, weil er sich im Recht fühlt, tut er ihm etwas mehr des Bösen an. Dadurch hat der andere auch wieder ein Recht, dem Partner etwas Böses anzutun, und auch er tut dem anderen aus dem Gefühl des Rechts heraus etwas mehr des Schlimmen an, und so steigert sich das Böse. Es entsteht ein intensiver Austausch, jedoch im Schlimmen. Auch dieser Austausch bindet ein Paar aneinander, aber zu seinem Unglück.

Es gibt jedoch eine einfache Regel, wie man aus diesem Teufelskreis aussteigen kann: Genauso, wie man beim guten Austausch aus Liebe dem Partner etwas mehr des Guten gibt, so tut man beim schlechten Ausgleich aus Liebe dem Partner etwas weniger des Bösen an! Dadurch kann der Austausch im Guten wieder beginnen. Das ist eine einfache, jedoch sehr nützliche Regel.«[54]

Hellinger: »Erst wenn sie beide, der Schuldige und sein Opfer, gleichermaßen böse waren und gleich viel gelitten und verloren haben, sind sie sich wieder ebenbürtig. Dann ist zwischen ihnen wieder Frieden und Versöhnung möglich.

Ein Beispiel: Ein Mann erzählte einem Freund, seit zwanzig Jahren trage seine Frau ihm nach, dass er nur wenige Tage nach der Hochzeit mit seinen Eltern sechs Wochen in Urlaub gefahren war und sie allein zurückgelassen hatte. Alles gute Zureden und Sich-Entschuldigen und Um-Verzeihung-Bitten habe nichts gebracht. Der Freund erwiderte: Am besten sagst du ihr, sie darf sich etwas wünschen oder etwas für sich tun, das dich nicht weniger kostet, als was es sie damals gekostet hat. Der Mann begriff sofort und strahlte. Jetzt hatte er den Schlüssel, der auch schloss.«[55]

Diese Aussagen Hellingers haben auf viele eine erleichternde und befreiende Wirkung. Die meisten sind durch den christlichen Hintergrund so geprägt, dass in der Liebe das Verzeihen für ein Vergehen des anderen an erster Stelle steht – insbesondere wenn dem anderen Leid tut, was er getan hat, und er um Entschuldigung bittet. Trotzdem fällt es doch so schwer!

Bei der Verletzung muss es um etwas Wichtiges gehen. Dann kann und soll der Verletzte einen Ausgleich fordern. Es ist »recht und billig«, die eigene Würde verlangt es. Damit kommt er mit dem Verletzenden wieder auf die gleiche partnerschaftliche Ebene. Wie Hellinger sehr scharf beobachtet, erzeugt das großmütige Verzeihen oft eine gegenteilige Wirkung. Es wird überheblich, »wenn jemand mit dem Anspruch moralischer Überlegenheit dem Schuldigen die Schuld erlässt, als hätte er ein Recht dazu«. Der Verzeihende macht sich größer als der »Sünder«. Der Unschuldige hat »nicht nur den Anspruch auf Wiedergutmachung und Sühne, er hat auch die Pflicht, sie zu fordern«.[56]

Dabei erfordert dieses Vorgehen besondere Aufmerksamkeit und vor allen Dingen Kommunikation. Es genügt nicht, dem Übeltäter etwas weniger anzutun. Erinnern wir uns daran, wie frustriert Markus war, als Kerstin zum verabredeten Abendessen über eine Stunde zu spät kam. Wenn er sich jetzt revanchiert, indem er selbst zur nächsten Verabredung mit ihr eine halbe Stunde zu spät kommt, hat er damit noch keine Spirale in die gute Richtung angeregt, obwohl er sich doch weniger verspätete als Kerstin. Sie wird sich auf jeden Fall über ihn ärgern und ihm nicht etwa dankbar sein für den Ausgleich. Der Teufelskreislauf kann damit durchaus gesteigert werden. Die sinnvolle Lösung ist es, über einen Ausgleich zu reden und ihn zu vereinbaren.[57] Damit kann dann Frieden einkehren.

Wie viele kreative Formen des Austauschs möglich sind, zeigte mir ein Seminar mit Ulrich Clement. Das Paar, das in die Beratung kommt, weil sie so unzufrieden ist mit seiner direkten Art, »zur Sache zu kommen«, trifft folgende Vereinbarung über einen Austausch: einmal Schimpansensex gegen einmal zärtlichen Abend mit Wein, Kerzen und romantischer Musik. Wer weniger die Veränderung will, darf anfangen.

Aber nicht immer ist ein Ausgleich von Geben und Nehmen im Leben möglich. Was dann tun?

Hellinger: »Eine letzte Möglichkeit des Ausgleichs von Nehmen und Geben ist das Danken ... Im Danken drücke ich mich nicht vor dem Geben, und doch ist es manchmal die dem Nehmen einzig angemessene Antwort, zum Beispiel für einen Behinderten, für einen Kranken, für einen Sterbenden, für ein kleines Kind und manchmal auch für einen Liebenden. Hier kommt neben dem Bedürfnis nach Ausgleich auch jene elementare Liebe mit ins Spiel, welche die Mitglieder eines sozialen Systems anzieht und zusammenhält. Diese Liebe begleitet das Nehmen und Geben, und sie geht ihm voraus. Wer dankt, der anerkennt.«[58]

Heiraten – der Steuer wegen?

> Heiraten ist gar nicht so schlimm. Ein bisschen Sex, aber sonst geht es.
>
> *Kinderzitat*

Ob Markus die Enttäuschung mit seiner ersten Frau Anna immer noch nicht überwunden hat, fragt Kerstin sich manchmal. Eigentlich würde sie ihn gern heiraten. Bei allen Schwierigkeiten, sie beide passen doch so gut zusammen. Lange genug, um vors Standesamt zu treten, sind sie doch jetzt schon befreundet. Es muss ja nicht gleich in Weiß in der Kirche sein!

Die meisten ihrer Freundinnen sind schon verheiratet, bis auf Simone. Als sie bei der letzten Hochzeitseinladung einmal Markus ganz dezent auf den Zahn fühlen wollte, meinte er nur trocken: »Einmal reinge-

fallen reicht. Wir sind doch beide auch ohne den Trauschein glücklich. Das wollen wir lieber nicht kaputtmachen.«

Auch das Thema »Ehe« wird bei Familienaufstellungen ernst genommen. Kommt hier vielleicht doch altmodisches Gedankengut durch die Hintertür? – Hier ein Wortwechsel von Bert Hellinger mit einem Teilnehmer:

Hellinger: »Seid ihr verheiratet?«

Martin: »Nein.«

Hellinger: »Wie lange lebt ihr schon zusammen?

Martin: »Über sieben Jahre.«

Hellinger: »Wieso habt ihr nicht geheiratet?«

Martin: »Muss man denn heiraten?«

Hellinger: »Die Heirat ist der Abschied von der Jugend. Die Paarbeziehung ohne Heirat ist die Fortsetzung der Jugend. Wenn ein Paar lange zusammenlebt und nicht heiratet, sagt jeder dem anderen: Ich suche noch etwas Besseres. Das ist eine dauernde Verletzung.«[59]

Die Ehe hat nach wie vor eine große Bedeutung. Fast keinem scheint es ganz egal zu sein, ob er verheiratet ist oder nicht. Die Heirat kann viel verändern, wie Paare berichten, die vorher lang ehelos zusammengelebt hatten. Manchmal kommt es sogar in einer solchen Situation kurze Zeit nach der Eheschließung zu einer unerwarteten Trennung.

Hellinger ist jemand, der mit dem Finger auf etwas

zeigt, was man, wenn man genau hinschaut, ebenfalls entdecken kann. (Zum Ausgleich: Im selben Seminar stimmt er einem Paar zu, das schon längere Beziehungen hinter sich hat, aber nicht heiraten will. »Ich kann nicht sehen, wie ihr glücklicher werden könnt, als ihr jetzt bereits seid … Ich glaube, ihr habt die beste Lösung gefunden.«[60])

Mit der Eheschließung kommt etwas Verbindlicheres in eine Beziehung – allein schon durch die Tatsache, dass für eine vollständige Trennung jetzt eine Scheidung notwendig ist.

Mit einer Ehe ist das Paar nicht mehr allein. Über das Standesamt hat die Gesellschaft mitgewirkt, und mit der Eheschließung kommen fremde Familien zusammen. Unsere Sprache hat eigene Begriffe für die besondere Art der Verwandtschaft, was die große Bedeutung zeigt: Schwiegervater und -mutter, Schwager und Schwägerin. Ob ein Paar will oder nicht, all dies wird es beeinflussen. Dieses Verbindlichere kann sich negativ und positiv auswirken:

> »Es gibt ein Dilemma, das durch die Ehe erzeugt wird. In einer erfüllenden Beziehung vor einer Ehe sind beide Partner sich darüber im Klaren, dass sie freiwillig zusammen sind. Dieses Gefühl der Freiwilligkeit wird im Regelfall durch die Eheschließung beeinträchtigt. Plötzlich entsteht so etwas wie offizielle Verpflichtung. Irgendwann kann es ein, dass sie nicht mehr wissen, ob sie zusammenbleiben, weil sie wollen oder weil sie müssen. Dabei genügt es, wenn es nur einem so geht … In zwischenmenschlicher Hinsicht ist dies vielleicht die

größte Tücke der Institution Ehe. Wenn die Partner es nicht schaffen, Freiwilligkeit und Verbindlichkeit, beides unvermeidbare Bestandteile der Ehe, miteinander zu vereinbaren, sondern den institutionellen Aspekt ihrer Beziehung und damit die Pflicht in den Vordergrund stellen, fühlen sie sich eingezwängt.«[61]

Sich eingezwängt zu fühlen ist sicherlich keine besonders gute Voraussetzung für eine liebevolle und aufmerksame Beziehung. Nicht jedes Paar schafft es, seine Ehe zu einem »verbindlichen Provisorium« zu machen, wie Welter-Enderlin es ausdrückt.

Kein Wunder, dass viele die Ehe vermeiden wollen. Aber damit gehen sie auch einem tiefen »Ja« zum anderen aus dem Weg. Markus weiß schon, warum er so zögerlich ist. Gleichzeitig spürt Kerstin die Zurückhaltung und wird auf Dauer verletzt sein.

Teilnehmer: »Du sprichst generell positiv über Heirat. Wenn man sich so umschaut, habe ich das Gefühl, dass die Heirat das Grab der Liebe ist.«

Hellinger: »Das stimmt, es ist das Grab der Liebe auf den ersten Blick.«[62]

Frühere Lieben

> Seiner ersten Geliebten trägt man keine Enttäuschung nach. Besonders wenn man sie in der Turnstunde kennen gelernt hat und es eine Kletterstange war.
>
> *Karl Kraus*

Frühere Lieben sind bedeutungsvoll, so bedeutungsvoll, dass sie zu unserem Gegenwartssystem gehören. Wenn sie keinen Platz bekommen, werden sie, wenn es Kinder gibt, durch diese vertreten.

Der Klient kommt, weil er Schwierigkeiten mit seiner Freundin hat. Nachdem es anfangs so harmonisch – besser als in jeder anderen Beziehung zuvor – war, streiten sie jetzt immer häufiger aus meist nichtigen Anlässen. Er hat eine Jugendliebe gehabt, die aber, als er zur Bundeswehr kam, in die Brüche ging. Das sei schon lange vorbei, damit habe er abgeschlossen. Dann war er mehrere Jahre mit der nächsten Freundin zusammen. Aber das sei wohl ein Irrtum gewesen, und deshalb habe er sich, als er die jetzige Frau kennen gelernt hat, sofort getrennt und sei unmittelbar dort aus- und mit der neuen Liebe zusammengezogen.

Es werden er und die drei wichtigen Beziehungen aufgestellt. Sein Stellvertreter schaut sich sofort nach der ersten Liebe um, die anderen interessieren ihn kaum. Beide strahlen sich an und möchten näher kommen.

Jetzt bringe ich die Realität ins Spiel und lasse den Mann zur Frau sagen: »Unsere Beziehung ging in die Brüche, als ich zur Bundeswehr ging.« Beide werden traurig und sagen zueinander: »Schade!« Dann lasse ich ihn sagen: »Du hast einen großen Platz in meinem Herzen. Bitte schau freundlich auf mich und die Frauen, die nach dir kommen.« Die erste Freundin ist jetzt ernster, aber freundlich.

Nun wendet er sich der nächsten zu. Hier gibt es eine Menge Spannungen. Die Frau schaut ihn sehr ärgerlich an, und sie spricht es aus: »Ich bin sehr verletzt und bin dir noch böse.« Der Mann schaut sie an, fängt an, es nachzuempfinden, und sagt: »Ich habe dich verletzt, und es tut mir Leid.« Jetzt schaut sie versöhnlicher.

Dann sagt er die Sätze, die in Aufstellungen oft zum »Abschiedsritual« werden: »Ich danke dir für das, was ich von dir bekommen habe; und was du von mir bekommen hast, darfst du gern behalten. Ich übernehme meinen Teil der Verantwortung, dass unsere Beziehung gescheitert ist, und deinen Teil der Verantwortung am Scheitern lasse ich dir. Und ich gebe dir einen Platz in meinem Herzen als meiner zweiten Frau.«

Die Spannung löst sich, und die Frau tritt zur Seite.

Die neue Freundin hatte die ganze Zeit aufmerksam zugesehen und schaut jetzt den Mann an. Er zeigt auf seine früheren Freundinnen, so als ob er sie ihr vorstellt, und sagt: »Das sind die Frauen, die vor dir kamen. Sie haben einen Platz in meinem Herzen.« Jetzt schaut die neue Frau freundlich zu ihm, und er tritt an ihre Seite.

Was können wir dieser Aufstellung entnehmen? Einmal, welch große Kraft die erste Liebe hat. Wenn mir heute ein Teilnehmer erzählt, er habe mit seiner früheren Beziehung »abgeschlossen«, sehe ich vor meinem Auge einen großen Schlüssel, der eine Tür abschließt. Hinter dieser Tür sind unterdrückte Gefühle: Liebe, Schmerz, Wut, Schuld.

Diese Gefühle bilden eine Schicht über dem Herzen. Es wird schwieriger, das nächste Mal das Herz wieder ganz zu öffnen. Mit der nächsten Trennung und dem nächsten »Abschluss« wird die Schicht wieder etwas dicker, es wird immer schwieriger. Und so weiter.

Mit den Sätzen in der Aufstellung öffnen wir die Türen, wir entdecken wieder die frühere Liebe, und jetzt bekommt sie einen geachteten Platz in unserem Leben. Damit geht das eigene Herz wieder auf.

Noch etwas anderes Wichtiges geschieht gleichzeitig. Auch das Herz des neuen Partners öffnet sich leichter und weiter. Denn es gibt eine geheime Solidarität unter den Geschlechtern. Wenn der Klient in obiger Aufstellung wenig Achtung für die zweite Freundin hat, die er so abrupt verlassen hat, muss die neue Freundin – mit Recht – misstrauisch sein. Denn vielleicht geht es ihr einmal genauso.

Oder wenn Markus über seine Exfrau Anna schimpft – wird er vielleicht irgendwann genauso über Kerstin schimpfen? Selbst wenn Kerstin mit einstimmt – kann sie wirklich so sicher sein? Aber wenn der ehemalige Partner geachtet wird, dann kann der jetzige entspannen und sich sicher fühlen.

Wie kommt es zu der Bindung?

Hellinger: »Durch den sexuellen Vollzug, und zwar durch den vollen sexuellen Vollzug, das heißt den Vollzug mit allem Risiko, entsteht eine Bindung zwischen dem Mann und der Frau. Diese Bindung ist unauflöslich. Manche sagen jetzt vielleicht, das ist katholische Lehre. Das ist es nicht. Die Bindung entsteht nämlich auch außerhalb der Ehe. Also, nicht die Ehe ist unauflöslich, sondern die Bindung zwischen einem Paar, das sich auf den sexuellen Vollzug eingelassen hat, ist unauflöslich. Man sieht das an der Wirkung. Danach kommt das Paar nicht mehr auseinander. Wenn sie sich trennen, dann können sie das nur mit sehr viel Schmerz und mit einem Gefühl von Schuld. Unschuldig kommt niemand aus so einer Bindung heraus. Deswegen ist die erste Bindung die tiefste Bindung.

Bindungen und Liebe sind nicht dasselbe. Es kann sich später jemand mit einem anderen Partner einlassen. In dieser Beziehung kann die Liebe vielleicht größer sein, doch die Bindung ist geringer. Wenn sie sich trennen, dann mit weniger Schmerz und mit einem geringeren Gefühl von Schuld. Wenn es eine dritte und eine vierte Beziehung gibt, wird die Bindung immer geringer. Sie können leichter auseinander gehen. Nach einer gewissen Zeit ist die Fähigkeit zur Bindung überhaupt verspielt. Das hört dann auf.

Wenn sich jemand leichtfertig trennt – in dieser Aufstellung war der Eindruck, dass das eine leichtfertige Trennung von der ersten Frau war, eine rücksichtslose Trennung –, dann bestraft sich dafür später oft ein Kind. Das geht so weit, dass sich manchmal ein Kind umbringt – zur Sühne für die leichtfertige Trennung. Man kann nicht damit spielen.

Die Bindung entsteht auch bei Inzest, und ebenso bei

einer Vergewaltigung. Deswegen bleibt ein Kind, das Inzest erfahren hat, an den Täter gebunden. Auch nach einer Vergewaltigung bleibt die Frau an den Täter gebunden. Beide, das Kind und die Frau, kommen nicht mehr davon los – außer durch Liebe.«[63]

Hellinger: »Zu mir hat mal einer gesagt, er suche eine feste, dauernde Paarbeziehung. Ich habe ihn gefragt: ›Wie viele ernsthafte Beziehungen hast du schon gehabt?‹ Er sagte: ›Sieben.‹ – ›Dann kannst du das vergessen, dass du eine dauerhafte Partnerschaft eingehen kannst.‹ Er fragte: ›Gibt es keinen Ausweg?‹ Ich antwortete: ›Es gibt einen. Wenn du diese sieben Frauen achtest und mit Liebe nimmst, was sie dir geschenkt haben, und wenn du es in Ehren hältst und alles, was sie dir geschenkt haben, in dir sammelst und es hineinbringst in die neue Partnerschaft, dann hat sie eine Chance.‹«[64]

Meiner Erfahrung nach ist es vor allem die erste Liebe, die oft abgeschnitten und in ihrer Bedeutung vergessen wird. Dass eine Bindung unauflöslich ist, heißt, dass dieser Mensch geachtet gehört und zu den wichtigen Personen unseres Lebens zählt. Aber natürlich gehen viele weiter nach ihrer ersten Liebe, und es entstehen neue Bindungen. Doch nicht jede kurze Affäre zählt. Die anderen wichtigen Frauen und Männer unseres Lebens sind Menschen, mit denen eine längere Beziehung bestand, wenn man zum Beispiel zusammengelebt hat, verlobt und verheiratet war – und immer bei Schwangerschaft.

Der Schmerz, den man verspürt, hängt meiner Erfahrung nach nicht davon ab, die wievielte Person in meinem Leben jemand ist, sondern wie weit sich jemand der anderen Person öffnet und wie viel Sehnsucht und Hoffnung in dieser Beziehung wach wird. Wer natürlich allmählich von Beziehung zu Beziehung resigniert, wird auch immer weniger Bindung und Trennungsschmerz spüren.

Und eine zusätzliche Beobachtung lässt sich in Dreiecksverhältnissen machen. Zur und zum Geliebten entsteht eine solche Bindung nicht. Es sieht so aus, als ob es eine Art »Hauptbindung« zum gegenwärtigen Partner gibt, die gleichzeitig zusätzliche Bindung ausschließt.

Trennung und Abschied

> Wenn die Männer Deppen sind, gehen wir.
> Und wenn wir sie ärgern, gehen die Männer.
> *Tarjelia, Ecuador*[65]

> Es war doch schön… Denkst du nie mehr daran?
> Freilich, du hast mir wehgetan, so weh.
> Allein was hört denn nicht in Schmerzen auf?
> *Hugo von Hofmannsthal*

Zum Leben und zur Liebe gehören Trennung und Abschied. Die kindliche Liebe ist ewig, denn die Eltern werden immer die Eltern bleiben und die Kinder immer die Kinder. Selbst wenn die Eltern sterben, besteht doch diese Verbundenheit weiter.

Zur Liebe unter Erwachsenen gehört, dass sie lebendig wie eine Pflanze ist und dass sie verdorren kann wie eine Pflanze. Das ist vielen zu Beginn ihrer ersten Beziehung noch nicht bewusst. Die romantische Liebe glaubt an die Ewigkeit. Man fühlt und verhält sich wie ein Kind, das sich der Liebe der Eltern sicher ist. Dem Kind kann nichts passieren. Es kann sich verhalten, wie es will, es weiß, dass die Eltern es weiter lieben.

Es kann ein großer Schock sein, wenn dann die Liebe auf einmal zerbrochen oder allmählich verdorrt ist. Unmöglich, dass diese Liebe vorbei ist! Plötzlich wacht dann der Verlassene auf und ist bereit, alles zu tun, um den oder die geliebte Person wieder zurückzugewinnen. Nur ist es jetzt zu spät.

Wer langsam aus dem kindlichen Traum der ewig währenden Liebe aufwacht, steht mehr auf dem Boden. Er ist nüchterner, die rosarote Brille hat er abgenommen. Gleichzeitig ist er dankbarer – für die Liebe, die da ist. Er weiß ja, dass sie vergehen kann. Er wird auch sorgsamer mit ihr umgehen, sich mehr um sie kümmern, sie pflegen. Er weiß, dass sie es braucht, und ist gern bereit, für sie zu sorgen.

In Seminaren rege ich manchmal als Übung an, sich den Partner oder die Partnerin vorzustellen und ihm oder ihr dann innerlich zu sagen: »Auch wenn wir ein Leben lang zusammenbleiben, wird der eine vor dem andern gehen. Es wird nicht ewig dauern. Ich freue mich an dir, solange ich darf.«

Trennung verursacht Schmerz, einen der schlimmsten Schmerzen, die uns im Leben zustoßen können.

Natürlich vermag der eine oder andere diesem Schmerz eine Zeit lang aus dem Weg zu gehen. Ein Teilnehmer berichtete, dass er über zwei Jahrzehnte mehrere Freundinnen hatte, aber nie länger als ein paar Tage ohne Beziehung war. »Irgendwann«, so sagte er, »kam mir das passende Bild dazu. Ich bin im Zirkus Trapezkünstler und schwinge über dem Abgrund. Lässt mich eine Frau los, dann fliege ich kurz über dem Abgrund und greife zu den nächsten Händen, die mich fangen. Das geht so schnell, und ich muss so sehr aufpassen, dass ich den Abgrund gar nicht wahrnehme. Inzwischen habe ich weniger Kraft, und jetzt bin ich abgestürzt.«

Es gibt noch einen anderen Weg, den Schmerz zumindest zu mildern. Auch das ist etwas, was Bert Hellinger scharf beobachtet hat. Wir suchen, wer oder was schuld daran ist.

Das geschieht fast immer bei unerwarteten familiären Unglücksfällen, zum Beispiel wenn ein Kind tot auf die Welt kommt. Es gibt eine automatische Suche nach der Schuld.

Dies dient dazu, den ganzen Schmerz über das Unglück zu lindern. Denn solange jemand schuldig ist, hätte es ja auch anders kommen können. In der Schuldsuche steckt etwas wie ein verborgener Trost, der ganze Schrecken der Unberechenbarkeit des Lebens wird abgemildert. Es ist so, als ob man zumindest mental die Kontrolle behält.

Erst wenn jemand das Schicksal einfach als solches

annimmt, in der ganzen Sinnlosigkeit, kommen der Schmerz und die Trauer in voller Stärke hoch. Nur so können sie auch wieder ganz vergehen. Sonst bleiben sie ungelebt, als ständige Begleitung im Untergrund.

Das Gleiche gilt bei einer Trennung. Solange wir Schuld zuweisen, stellen wir uns vor, es hätte auch anders kommen können. Damit gehen wir der Realität aus dem Weg und vermeiden den ganzen Schmerz.

Hellinger: »Meist geht es zu Ende, ohne dass einer Schuld hat, es geht zu Ende, weil jeder in einer für ihn eigenen Weise verstrickt ist oder weil jemand auf einem anderen Weg ist oder auf einen anderen geführt wird. Sobald ich aber eine Schuld ausmache, habe ich die Vorstellung und Illusion, ich könnte etwas tun oder der andere, oder wir bräuchten uns nur anders verhalten, und alles wäre gerettet. Dann wird die Größe und Tiefe der Situation verkannt und verlagert sich auf die Schuldsuche und Vorwürfe, die sie sich gegenseitig machen. Die Lösung ist, dass sich beide ihrer Trauer überlassen, dem ganz tiefen Schmerz, der Trauer darüber, dass es vorbei ist... Bei einer Trennung ist die Wut sehr häufig Ersatz für den Schmerz der Trauer...

Aus Angst vor Vorwürfen und aus Angst, dem anderen wehzutun, lassen sich manche, bevor sie sich trennen, lange Zeit leiden, so viel, dass es den Schmerz des anderen aufwiegt, als hätten sie dann mehr Berechtigung zu dem Schritt. Deshalb dauern die Scheidungsprozesse so lange. Meistens will derjenige ja für sich nur einen größeren, neuen Bereich, ein größeres, neues Territorium, und er fühlt sich unfrei und gefangen, weil er das nicht beginnen kann, ohne einem anderen zu schaden oder ihm wehzutun.

Wenn er sich dann endlich trennt, hat nicht nur er die Chance und das Risiko des neuen Anfangs, auch der andere hat unversehens neue Möglichkeiten. Verschließt sich der andere aber und verharrt in seinem Schmerz, macht er es damit dem anderen schwerer, seinen neuen Weg zu gehen. Nimmt er jedoch die neue Chance wahr, dann gibt er auch dem anderen Freiheit und Entlastung. Von allen Weisen, anderen zu verzeihen, ist sie für mich die schönste. Sie versöhnt, selbst wenn die Trennung bleibt.«[66]

Zum Anregen

Können Sie Ihr Herz »aufschließen« und Ihren früheren Partnern und Partnerinnen einen Platz in Ihrem Herzen geben? Ihrer ersten Liebe?

Zum Ausgleich im Bösen – fällt Ihnen jemand ein, dem Sie einen Ausgleich anbieten können oder von dem Sie einen Ausgleich fordern könnten?

Weiterführende Lektüre

Weber, Gunthard (Hg.), *Zweierlei Glück. Die systemische Psychotherapie Bert Hellingers*, Carl-Auer-Systeme, Heidelberg 1994; Taschenbuchausgabe: Goldmann, München 2002. Das Grundlagenwerk zu der Arbeit Hellingers.

Kapitel 5
Rund um die Sexualität

Das fortwährende Dasein des Menschengeschlechts
ist bloß ein Beweis der Geilheit desselben.
Arthur Schopenhauer

Wurzeln der Sexualität

Die Mysterien der Sexualität werden einem besonders aus einer Außenperspektive deutlich. So beschreibt Andreas Eschbach in einen Science-Fiction-Roman, wie Bernhard Abel, der in einen menschlichen Körper gelangte Außerirdische, sich über die menschliche Sexualität klar werden will. In der Stadtbücherei studiert er tagelang Bücher über Biologie, Zoologie und Sexualkunde und staunt darüber, was er findet:

> »Er las von homosexuellen Gänsen, masturbierenden Rothirschen und promiskuitiven Delphinen, erfuhr, dass Nerze und Zobel acht Stunden lang kopulieren, Grizzlybären alle zwei bis drei Jahre eine einmonatige Romanze haben, nach der sie ihrer Wege gehen und einander nie wieder sehen, und dass sich das Männchen der Mantis, der Gottesanbeterin, während des Zeugungsakts bei lebendigem Leib von seiner Partnerin verzehren lässt, bis nur noch der ausgehöhlte Hinterleib, der Sitz der Geschlechtsorgane, übrig ist. Aber all diese bizarren Details konnten nur auf den ers-

ten Blick ablenken von der Tatsache, dass kein Lebewesen dieses Planeten so besessen vom Sex war wie die Menschen. Andere Tierarten kopulierten länger, heftiger oder öfter hintereinander, doch einzig die Menschen waren permanent kopulationsbereit, zu jeder Zeit des Jahres, fast ihr Leben lang, weit über das Alter hinaus, in dem es fortpflanzungsmäßig Sinn machte. Sie waren die Einzigen, die danach gierten, Artgenossen bei sexuellen Handlungen zuzuschauen. Und paradoxerweise waren sie auch die einzige Lebensform, die aus allem, was mit Sexualität zu tun hat, ein Problem zu konstruieren verstand. Die verschiedensten Moralvorstellungen wetteiferten miteinander in dem Bemühen, dafür zu sorgen, dass die Menschen, wenn sie es schon dauernd taten, wenigstens ein schlechtes Gewissen dabei hatten.«[67]

Der Außerirdische wundert sich über das Kuriosum der Sexualität – wir als Betroffene haben uns daran gewöhnt, es ist uns selbstverständlich.

Die Kraft und der Zwang zur Fortpflanzung sind der zentrale Trieb eines jeden Tieres. Die Arterhaltung steht an erster Stelle. Das Mittel zur Fortpflanzung ist Sex – das ist die einzige Begründung für seine Existenz.

Die zentrale Position, die die Fortpflanzung für den einzelnen Menschen und die menschliche Gesellschaft insgesamt einnimmt, wird – gerade weil sie so dominant und allgegenwärtig ist – heute zu Zeiten der Überbevölkerung selten in ganzer Deutlichkeit gesehen. Denn die menschliche Kultur hat einen gewaltigen Überbau über diese einfache Tatsache der Fortpflanzung hinaus entwickelt. Wir haben die Liebe gefunden und das Paar entdeckt, das sich zusammen entwickelt.

Dieser Überbau ist zu einer enormen Bedeutung gekommen, aber die Wurzeln sind die gleichen. Die Realität des biologischen Zwangs in seiner nackten Einfachheit anzuschauen, fällt schwer. Denn es beschämt die menschliche Eitelkeit, die den Menschen doch so gern vom Tier unterscheidet. Dass Romantik, Liebe, Ehe und so weiter alles nur – auch! – Mittel zum einfachen Zweck sind, mag fast brutal wirken.

Denn warum will die Frau (und neuerdings auch der Mann) schön sein und begehrenswert? Wir vergessen den Drang der Natur, die »nur das eine« im Sinn zu haben scheint: Kinder. Dieser biologische Zwang ist die Grundlage, warum Männer und Frauen zusammenkommen und zum Paar werden.

Hellinger: »Die Paarbeziehung ist das Größte und Wichtigste, was es gibt. Wir alle entstammen einer Paarbeziehung. In ihr wird das Leben weitergegeben. Sie ist die Voraussetzung für die Weitergabe des Lebens. Daher sind wir in der Paarbeziehung am innigsten mit dem verbunden, was die Welt weiterbringt und steuert. Diese Kraft wirkt in der Paarbeziehung auf besondere Weise. In ihr sind wir mit dieser Kraft verbunden.

Das, was die Paarbeziehung zusammenhält, ist in erster Linie der sexuelle Vollzug der Liebe. Er verbindet uns am innigsten mit dieser Kraft. Deswegen ist er auch etwas Geistiges. Man könnte auch sagen, er ist etwas Spirituelles und etwas Religiöses.

Manche werten den sexuellen Vollzug ab als Trieb oder als dem Geist entgegengesetzt. Es ist aber umgekehrt: Der Geist ist diesem Tiefsten sehr häufig entgegengesetzt.«[68]

Die Beziehung zwischen Mann und Frau ist auf etwas Drittes ausgerichtet. Die natürliche Erfüllung sind Kinder. Durch ein Kind wird zwischen Mann und Frau immer eine besonders starke Bindung hergestellt, unabhängig von den übrigen Gegebenheiten.

Da lebt ein Paar in einer engen, vertrauten Beziehung über Jahre, ohne dass ein Kind kommt. Der Mann macht einen Seitensprung, die Geliebte wird schwanger. Der neuen Bindung würde es entsprechen, die erste Frau zu verlassen und zu dem Kind und zu der neuen Frau zu stehen.

Daraus ergibt sich, dass allein der Vollzug von Sexualität – auch ohne Liebe – immer das Risiko einer Bindung mit sich trägt, nämlich über ein mögliches Kind. Durch ein Kind wird ein Paar zu Eltern und bleibt somit verbunden.

Der 45-jährige Junggeselle ist Vater einer kleinen Tochter geworden. Als seine Freundin, mit der er vorher ein halbes Jahr zusammen war, schwanger wurde, war die Beziehung schon im Auflösungsprozess. Sie bietet ihm an, das Kind abzutreiben. Er entschließt sich für das Kind. Zwischen Mann und Frau ist keine Liebe – jedoch besteht die Bindung zur Frau über die gemeinsame Elternschaft.

Hellinger: »Die Sexualität führt zur Liebe. Wo der sexuelle Vollzug in dieser Liebe geschieht, haben *wir* dann Kinder, *wir* zusammen. Da ist eine tiefe seelische Haltung dabei. Sexualität erschöpft sich nicht im Akt des Vollzuges, sondern sie bringt auch gewaltige Gefühle hoch von Mutterschaft, Vaterschaft, Elternschaft und Verantwortung. Das ist auf der einen Seite triebmäßig bedingt und wird auf der anderen Seite kultiviert. Für mich sind das keine Gegensätze.

Wo die Sexualität getrennt wird vom vollen Vollzug, auch vom Hinblick auf Kinder, ist sie isoliert. Dann ist sie auch in gewissem Sinn von der Liebe getrennt. Mit dem vollen Risiko lässt man sich gemeinsam auf etwas Langes ein – das bindet natürlich. Hinzu kommt, dass die Sexualität immer wieder etwas Heilendes für beide zusammen hat. Sowohl seelisch als auch körperlich ist sie heilend und wohltuend. Das muss mit gesehen werden.«[69]

Früchte der Sexualität

Lust: die am wenigsten abscheuliche Art von Trübsal.
Ambrose Bierce

Wenn auch die Wurzeln der Sexualität in der Fortpflanzung liegen, so reichen die Früchte weit darüber hinaus.

Hellinger: »Die Scheu, unser Intimstes beim Namen zu nennen und es in einer Paarbeziehung als Erstes und

Nächstes zu wollen, hängt wohl damit zusammen, dass in unserer Kultur der Vollzug der Liebe von Mann und Frau vielen fast wie etwas Unanständiges und wie unwürdige Notdurft erscheint. Und doch ist es der größtmögliche menschliche Vollzug. Kein anderes menschliches Tun ist mehr im Einklang mit der Ordnung und Fülle des Lebens und nimmt uns umfassender für das Ganze der Welt in die Pflicht. Kein anderes menschliches Tun bringt uns solch selige Lust und, in ihrem Gefolge, solch liebendes Leid. Kein anderes menschliches Tun ist folgenschwerer und risikoreicher, trotzt uns auch das Letzte noch ab und macht uns so wissend und weise und menschlich und groß, als wenn ein Mann eine Frau und eine Frau einen Mann liebend nimmt und erkennt. Demgegenüber erscheint alles andere menschliche Tun nur als Vorbereitung und Hilfe oder als Folge, vielleicht noch als Zugabe, oder aber wie Mangel und Ersatz.

Der Vollzug der Liebe von Mann und Frau ist zugleich unser demütigstes Tun. Nirgendwo sonst geben wir uns solch eine Blöße und offenbaren so schutzlos die Stelle, an der wir am verletzlichsten sind; und nichts schützen wir daher auch mit solch tiefer Scham als den Ort, an dem Mann und Frau sich liebend begegnen und sich ihr Intimstes zeigen und anvertrauen.

Und der Vollzug der Liebe von Mann und Frau ist unser mutigstes Tun. Denn wenn Mann und Frau sich für den Rest ihres Lebens verbinden, schauen sie, obwohl noch am Anfang und vor der Erfüllung, schon dem Ende ins Auge, sehen ihre Grenze und finden ihr Maß.«[70]

In Aufstellungen war bislang Sexualität kein häufiges Thema. Aber immer wieder einmal kommt es vor, dass Stellvertreter eine starke körperliche Anziehung in ihrer Rolle erleben. Dann wird es jemandem ganz heiß, die Augen funkeln, der Atem wird schneller, und die Anziehung zum Gegenüber scheint enorm. Darüber hinaus habe ich bisher wenig mit Themen gearbeitet, die einen direkten sexuellen Zusammenhang hatten. Der einzige Bereich ist »Missbrauch«, der immer wieder auftaucht.

Als ich kürzlich jedoch einen experimentellen Aufstellungsworkshop zur Sexualität, ihren Wegen und Abwegen anbot, flossen sexuelle Themen viel stärker in die Aufstellungen ein.

Es geht um die Supervision für einen Therapeuten. Sein Klient ist süchtig nach pornographischen Bildern. Ich stelle den Klienten, seine Eltern und eine Stellvertreterin für die pornographischen Bilder auf. Es herrscht zu Beginn der Aufstellung eine seltsam gedrückte, gequälte Atmosphäre. Die Eltern schauen weder sich noch das Kind an.

Plötzlich sagt die Stellvertreterin der pornographischen Bilder: »Ich glaube, ich bin die dunkle Seite der Mutter.« Es gibt keine Bewegung und keine Lösung; nach wenigen Minuten breche ich ab.

Ich vermute, dass in Zukunft mittels Aufstellungen noch viel mehr sexuelle Dynamiken erforscht werden können. Denn Sexualität ist eine solch gewaltige Kraft mit so vielen Dimensionen, in denen sich das ganze

Leben widerspiegelt. So unterscheidet Jürg Willi eine Sexualität der Zugehörigkeit und eine Sexualität der Lust. Die Sexualität der Zugehörigkeit festigt soziale Bindungen, und die Sexualität der Lust sprengt soziale Beziehungen und Ordnungen.[71] Es scheint mir wichtig, beide Seiten sehen zu können.

Eva Szabo und Aman Peter Schröter reden in dem Buch *Verführung zur Ekstase* über die dunkle Seite der Sexualität:

Aman: »Und doch mögen viele das Geile, Tierische, Aggressive auch. Aber es muss getrennt sein von Vergewaltigung und Ausbeutung. Beides wird leicht in einen Topf geworfen. Männer können nicht gut unterscheiden zwischen Aggression und Gewalt. Die Bewusstheit verbindet Eros und Thanatos. Sonst verkommt die Sexualität zu einem kindlichen Streicheln, was dem kleinen Mädchen und dem kindlichen Mann Sicherheit gibt. Ich habe auch eine Bewunderung für dieses urtümliche Archaische. Dann sind wir nicht mehr Eva und Aman, sondern weiblicher und männlicher Körper pur…

Viele Männer wünschen sich das, aber sie haben Angst, zum Tier zu werden, die Kontrolle zu verlieren, zu vergewaltigen, zu missbrauchen. Das leuchtet dann auf, und zugleich hat es auch eine unheimliche Attraktion… Es heißt: ›Liebe das Böse gut.‹ Das Böse ist unsere beste Kraft. Auch das müssen wir umarmen, um eine Grenze zu lösen. Dahinter liegt mehr Freiheit. Das Böse ist Aggression und zugleich der tiefste Sex, den wir haben können. Es macht Angst, vorsichtig und wach – das ist die Begegnung auf einer archaischen Ebene. Man geht in eine Tiefe hinein, zu der man Mut braucht und Bewusstheit.«[72]

Vor diesem Aggressiven und Bösen gibt es eine Seite, ich glaube in allen von uns, die Sexualität ablehnt. Nicht umsonst bekämpft das Christentum Sexualität seit zwei Jahrtausenden. Die folgende Aufstellung zeigt diese Seite sehr krass:

Die Klientin hat das Gefühl, nicht komplett zu sein und nicht zu genügen.

Vater, Mutter und Tochter werden aufgestellt. Die Mutter kommt sich vor wie eine Richterin. Sie möchte das Kind als Verbündete, aber es will nicht. Es ist der Mutter und dem Vater unangenehm, sich zu konfrontieren. Beide schauen sich angewidert an.

Dann sagt die Frau: »Du bist ein Mann, und ich ekele mich vor dir. Ich schäme mich. Sex mit dir ist eklig.«

Der Mann wird sehr zornig.

Die Frau: »Ich verachte dich. Ich bin wie meine Mutter. Es ist mir unangenehm, zuzugeben, dass auch ich das Produkt von Sex bin. Ich schäme mich. Es hat nichts mit dir persönlich zu tun. Es könnte auch ein anderer Mann sein.«

Der Mann fühlt sich erleichtert. »Ich hab mich schuldig gefühlt, weil ich Sex von dir wollte. Ich finde Sex auch eklig, aber ich tu es.«

Die Frau: »Ich finde es schlimm, dass Sex sein muss. Das Schlimmste ist, und ich will es gar nicht zugeben, dass auch ich es irgendwo brauche.«

Was unter dem Ekel verborgen ist, ist die Sehnsucht nach einer erfüllenden, überwältigenden Sexualität.

Eva Szabo: »Ich glaube, beide Geschlechter haben die Sehnsucht nach ekstatischer Auflösung und tiefer Begegnung. Aber sie sind etwas anderes als diese Romanzen. Der Mann steht sich mit seiner Angst, sich in die Mutter zu verlieren, im Wege, und bei der Frau gibt es auch ein kindliches Liebesideal. Es malt die Welt in Pastelltönen, und die Frau ist passiv. Sie will beschützt, gehegt werden – eigentlich ein Impuls, sich nicht der Realität des Lebens zu stellen. Ich glaube, die Natur hat die Verliebtheit für die Initialzündung geschaffen. Doch diese natürliche Anziehung der Geschlechter ist ein Trick der Biologie zur Erhaltung der Art. Wir stilisieren diese Verliebtheit zur romantischen Liebe, aber ein Hormonstoß ist nicht in der Lage, den Partner, die Partnerin in der Tiefe und Widersprüchlichkeit seiner oder ihrer Menschlichkeit zu erfassen.«[73]

Um wieder zu den »normalen« Paaren zurückzukommen, beschließe ich diesen Abschnitt mit den satirischen Ausführungen »Wie man sexuell unglücklich wird« von Jay Haley:

»Es ist empfehlenswert, schon in den ersten Ehejahren mit den sexuellen Problemen zu beginnen; kümmert man sich in ausreichendem Maße darum, können sie einen über viele Jahre hinweg begleiten. Die meisten Paare sind in dieser Hinsicht sehr begabt…

Der sexuelle Bereich bietet gute Gelegenheiten für

ehelichen Kummer, der oft schon am Anfang der Ehe beginnt und bisweilen dazu führt, dass sich die Partner entscheiden, überhaupt keine sexuellen Beziehungen mehr zu haben, vor allem nicht mit dem Ehepartner. Der wichtigste Faktor bei der Schaffung sexueller Probleme ist die Frage der zeitlichen Abstimmung. Sexuelle Erregung und Entspannung sind komplexe physiologische und psychologische Prozesse, die eine gute zeitliche Abstimmung erfordern, sodass eine Behinderung nicht allzu schwer fällt. Als generelle Regel gilt, Sex zur verkehrten Zeit, am falschen Ort, in unpassenden Abständen und in der falschen Art zu praktizieren. Der Anfänger wählt einen dieser Fehler. Der Experte sichert sich den Erfolg, indem er versucht, sie alle im Laufe seiner Ehe einzusetzen. Ein vorbildlicher Ehemann will immer nur dann Sex, wenn seine Frau nicht daran interessiert oder gerade mit etwas anderem beschäftigt ist. Er will Sex mittags auf dem Wohnzimmerteppich, wenn die Kinder zum Essen von der Schule heimkommen, nachts will er Sex alle drei Stunden und in einer Position, in der beide gleichzeitig fernsehen können. Protesten seiner Ehefrau begegnet er mit der ärgerlich vorgebrachten Beschuldigung, sie sei frigide. Eine zu solch einem Mann passende Ehefrau setzt ihm Ähnliches entgegen. Sie kann total gleichgültig sein oder ihn erregen und dann plötzlich das Interesse verlieren. In einer anderen Situation kann sie immer mehr Sex verlangen, um dann sehr verärgert zu reagieren, wenn er mit der Erfüllung ihrer Wünsche Schwierigkeiten bekommt. Greift er sie wegen ihrer Launenhaftigkeit an, entgegnet sie, sie befände sich gerade vor, in oder nach ihrer Periode.

Eine von vielen Paaren schon jahrelang praktizierte Grundregel besagt, dem Partner nicht zu erklären, was man beim Sex mag oder nicht mag, um ihm dann vorzuwerfen, er oder sie könne einem wirklich keine Freude bereiten. Eine Frau, die nur in einer bestimmten Position zum Orgasmus kommen kann, sollte es auf jeden Fall vermeiden, ihren Mann darüber in Kenntnis zu setzen. Dies bietet ihr Gelegenheit zu lang anhaltender Frustration. Ein Ehemann, der seine Frau am liebsten nackt sieht, sollte immer höflich alle Lichter löschen, um sie nicht zu stören. Zum Thema Vermeidung muss eigentlich nicht viel gesagt werden: Wenn – wie es allgemein üblich ist – einer der Partner lange fernsieht und der andere früh ins Bett geht, steht allabendlich sexuelle Enthaltsamkeit an.«[74]

Das Dreieck Mann–Frau–Geliebte(r)

Die Ketten der Liebe sind so schwer, dass man sie bisweilen nur zu dritt tragen kann.

Julian Barnes

Der Geist ist willig, und das Fleisch ist weise.[75]

Bert Hellinger

Seitensprünge, Verhältnisse außerhalb einer Ehe, werden immer häufiger. Oder zumindest werden sie öfter als früher zugegeben.

Die Klientin hat seit zwei Monaten ein Verhältnis mit einem verheirateten Mann.

In der Aufstellung stehen der Mann und seine Geliebte nahe beieinander, die Ehefrau abgestellt weit hinten. Der Mann fühlt sich sexuell sehr angezogen, die Geliebte schaut zu Boden und fühlt sich unter Druck. Sie geht weiter zurück. Sie fühlt sich gespalten, einen Teil von sich erlebt sie als »zu«, dann gibt es noch Verachtung für den Mann. Der Mann bekommt etwas Angst und sagt zur Geliebten: »Ich lasse mich nicht ganz auf dich ein, und ich genieße nur den Sex mit dir.«

Beide können sich nicht ganz einander zuwenden. Ich gebe ihr den Satz: »Ich habe Angst vor Männern, und deshalb bist du richtig.« Und für ihn: »Ich habe Angst vor Frauen, und deshalb bist du richtig.« Beide stimmen zu.

Jetzt hole ich die Ehefrau näher. Sie und die Geliebte schauen sich an. Die Geliebte fühlt sich zum einen Teil solidarisch und zum anderen Teil überlegen. Beide Frauen nehmen immer mehr Kontakt auf und fühlen sich immer stärker.

Der Mann, um den sich keine mehr kümmert, sackt immer mehr in sich zusammen. In mir kommt ein Bild auf von zwei Katzen und einer Maus. Die Geliebte sagt zur Ehefrau: »Du kannst ihn haben.«

Schließlich lasse ich wieder die Geliebte und den Mann sich anschauen, und beide sagen einander: »Was ich dir gebe, gebe ich dir gern. Ich danke dir für das, was ich von dir bekomme, und achte es.« Beide entspannen sich und haben Abstand.

Nun kommt die wirkliche Klientin an ihren Platz. Sie verhält sich so, als ob das Geschehene an ihr vorbeigegangen sei. Sie möchte näher beim Mann stehen.

Als sie einen kleinen Schritt auf den Mann zumacht, meldet er sich und sagt, dass er sie jetzt nicht mehr in seiner Nähe haben will. Das trifft die Klientin sehr; und auf meinen Vorschlag hin sagt sie ihm: »Ich bin traurig – und ich habe vorher gewusst, dass es so kommt.« Das stimmt für sie.

In Aufstellungen begegnen wir einer tieferen Schicht von Wahrheit, die unter dem verborgen ist, was wir sonst empfinden und fühlen – und uns vormachen. Wer sich als Geliebte oder Geliebter mit einer Person einlässt, die verheiratet ist, weiß im Grunde, dass er nur zweite Wahl ist, ein »Seitensprung« von einem Weg, den der andere mit dem Ehepartner geht. Aber diese Realität ist unangenehm, sie lässt sich nicht mit unseren Sehnsüchten und auch nicht mit unserem Selbstbild vereinbaren. Wir würden uns wegen unserer Bedürftigkeit, unserer Not und unserer Angst verachten, wenn wir die ungeschminkte Wahrheit an uns herankommen ließen. Träumen ist einfacher und angenehmer.

Dabei gilt es, das zu achten, was tatsächlich geschieht. Auch wenn der Mann die Ehefrau nie verlassen will, die Geliebte bekommt etwas von ihm und gibt ihm etwas – und umgekehrt. Deswegen sind die Sätze angemessen: »Was ich dir gebe, gebe ich dir gern. Ich danke dir für das, was ich von dir bekomme, und achte es.«

Ein spannender Aspekt dieser Aufstellung zeigt die Solidarität der Frauen im Untergrund. Da gibt es eine Schicht, auf der Frauen wenig von Männern halten:

»Alle Männer sind gleich«, »Verlässt du dich auf einen Mann, bist du verlassen!«. Und sie wissen um die eigene Stärke und die Schwäche der Männer.

Es ist kein Zufall, wenn jemand immer nur an gebundene potenzielle Partner gerät. Es hat einen großen Vorteil, wie die nächste Aufstellung zeigt.

Die Klientin hätte gern eine gute Beziehung mit einem Mann, verliebt sich aber unglücklicherweise immer wieder in verheiratete Männer.

In der Aufstellung werden Stellvertreter aufgestellt für die Frau, einen verheirateten Mann und einen potenziellen Partner und Junggesellen. Die Frau schaut zum fremden Ehemann. Der Junggeselle steht an der Seite. Sie äußert zum Ehemann: »Wir könnten Spaß zusammen haben.« Der Ehemann: »Für ein bisschen Spaß bin ich auch zu haben.«

Dann dreht sie sich zum Junggesellen und sagt: »Du willst etwas von mir, was ich nicht bereit bin zu geben.«

Der Junggeselle sagt ihr: »Ich will eine Frau, nicht bloß Spaß.«

Die Frau erwidert: »Aber nicht mit mir.« Der Junggeselle geht.

Die Frau sagt zum Ehemann: »Besser als nichts!«

Wer sich immer wieder als Mann oder Frau in jemanden verliebt, der gebunden ist, sollte sich klar machen, dass das auf einer bestimmten Ebene sicher ist. Er muss sich nicht ganz einlassen auf die andere Person, kann wichtige Seiten außerhalb der Beziehung lassen. Will jemand ernsthaft eine Partnerschaft, ist es sinnvoll, sich mit den verborgenen Ängsten und Schmerzen auseinander zu setzen.

Die Beziehung zu einem gebundenen Partner kann als »Heilungsphase« – zum Beispiel nach einer Trennung als Übergang – hilfreich sein, weil man noch nicht bereit ist, sich neu ganz auf jemanden einzulassen. Wenn dann aber die eigene Bereitschaft wieder gewachsen ist, wird die »Übergangsbeziehung« fast immer auseinander gehen, weil dann ein echtes und vollständigeres Einlassen gesucht wird. Es ist gut, wenn man sich einen notwendigen Übergang zugestehen kann.

Zum Abschluss dieses Abschnitts noch ein Gespräch von Bert Hellinger mit einem Klientenpaar:

Mann: »Das Problem ist, dass ich vor einem dreiviertel Jahr einen Ehebruch begangen habe.«

Hellinger: »Was ist denn das?«

Mann: »Ich hatte eine Beziehung zu einer anderen Frau.«

Hellinger: »Der Begriff des Ehebruchs ist gefährlich. Deshalb habe ich dich hier konfrontiert. Also, du hast eine Beziehung zu einer anderen Frau. Diese Beschreibung ist ohne Wertung, Ehebruch ist gewertet, und wir wissen nicht, ob das angebracht ist. Wenn wir ohne diese Wertungen vorgehen, können wir leichter zu einer Lösung finden.«

Hellinger zur Frau: »Was sagst denn du dazu?«

Frau: »Mir ging es sehr schlecht, als ich da draufgekommen bin. In der Folgezeit hat sich aber gezeigt, dass sich zwischen uns vieles verändert und aufgelöst hat und dass das, was zwischen uns läuft, mehr geworden ist.«

Hellinger: »Genau. Vielleicht war das notwendig für die Förderung der Beziehung. Wenn man es losgelöst von den moralischen Urteilen betrachtet und nur auf die Wirkungen schaut, dann hat das oft eine ganz andere Bedeutung. So gehe ich an diese Dinge heran, ohne moralisches Urteil.«[76]

Und noch eine Geschichte, die zeigt, wie ausgewogen dieses Thema inzwischen bei beiden Geschlechtern ist:

Ein Ehepaar liegt schlafend im Bett. Die Frau schreckt plötzlich aus einem Traum auf und ruft entsetzt: »Mein Mann kommt!«

Schlaftrunken springt der Mann aus dem Bett und versteckt sich im Kleiderschrank.

Hellinger: »Jeder hat im Laufe seines Lebens auch das Recht auf ein paar Sünden.«[77]

Eifersucht

»Hör bloß auf, meiner Freundin schöne Augen zu machen!«
»Ich??? Ich schaue sie doch nicht einmal an.«
»Und du meinst, ich merke nicht, *wie* du sie nicht anschaust?«[78]
Guglielmo Gulotta

Eifersucht kann immer wieder ein wichtiges Thema in der Beziehung werden. So wie ich es durch Aufstellungen und durch eigene persönliche Erfahrungen verstehe, ist Eifersucht ein recht vielschichtiges Phänomen.

Es gibt – sehr grob unterschieden – Eifersucht mit einem realen Anlass und Eifersucht ohne realen Anlass. Ein realer Anlass zur Eifersucht wäre, wenn beispielsweise der Partner fremdgeht. Dann gibt es Menschen, die dauerhaft ohne wirklichen Grund eifersüchtig sind, wie die kleine Eingangsgeschichte zeigt. Letzteres ist – vom Außenstandpunkt – die schwieriger zu lösende Situation.

Ein wichtiger Aspekt von Eifersucht ist die Angst, verlassen zu werden. Sie kann so stark wie Todesangst erlebt werden. Das ist die Angst des kleinen Kindes, das den Partner mit Mutter oder Vater verwechselt. Wenn ein kleines Kind von den Eltern verlassen wird, ist Todesangst eine archaische, aber angemessene Reaktion.

Um aus dieser Angst herauszukommen, muss jemand zur Realität zurückfinden. Partner oder Partnerin sind nicht die Eltern, auch wenn sie damit verwechselt werden. Ein Verlust des Partners ist schmerzhaft – aber nicht tödlich. Wenn man in der Lage ist, sich darauf zu besinnen, kommt man wieder zu sich als Erwachsenem zurück und wird handlungsfähig.

Aber eine Tatsache ist, dass in der Eifersucht der alte Schmerz des Verlassen-worden-Seins wieder auftaucht. Dieser Schmerz ist real. Die Eifersucht ist ein Gefühl an der Oberfläche, das vor dem alten Schmerz darunter – teilweise – schützt. Die Eifersucht ist wie ein Wegweiser, der deutet: Dort ist ein großer Schmerz.

Wenn jemand den Mut findet, in diese Richtung zu gehen, gelangt er wieder in die Kindheit und zu den Gefühlen, die er damals erlebt hat, aber unterdrücken musste, weil sie so überwältigend waren. Um dahin zu gelangen, genügt es, sich mit der Eifersucht im Bauch innerlich umzudrehen und zu seinen Eltern zu schauen.

Es kommt auch immer dann eine reale Gefahr für die Partnerschaft auf, wenn die Möglichkeit einer Schwangerschaft besteht. Da mag jemand verhüten und eine einzige Nacht einmal ausbrechen und Sex nur eben zum kurzen Vergnügen haben. Keine Verhütung ist hundertprozentig sicher. Das heißt, die Möglichkeit der Schwangerschaft und einer unerwarteten Bindung über ein Kind ist gegeben. Kein Wunder, dass ein langjähriger Partner bei aller Toleranz und allem Verständnis Angst bekommt und eifersüchtig wird.

Unbegründete Eifersucht wegen einer nur möglichen Untreue des Partners kann auch die Ablenkung vor den eigenen Wünschen, auszubrechen, sein.

Schließlich scheint es auch eine biologische Seite der Eifersucht zu geben. Auch Tiere kennen Eifersucht. Nicht alles Menschliche muss immer psychologisch erklärt werden. Konrad Lorenz berichtet von seinen Forschungen über Gänse:

»Wie schon gesagt, durchbricht der merkwürdige, in so vieler Hinsicht dem ›Sich-Verlieben‹ des Menschen ähnliche Vorgang alle vorhandenen Bindungen. Die junge Braut, das fest verpaarte, ja sogar schon nistende Weibchen, kann sich plötzlich einem andern Partner zuwenden, und umgekehrt kann das Männchen unvermittelt seine Werbung auf eine andere Gans richten… Das Weibchen, das sich in einen fremden Ganter verliebt hat, zeigt selten die Schüchternheit, die wir von unverpaarten Gänsen kennen, die sich immer nur ›wie zufällig‹ in der Nähe des Geliebten aufhalten. Vielmehr rennt eine solche Gans unverhohlen auf den neuen Erwählten zu, während ihr ›rechtmäßiger Gemahl‹ sie daran zu hindern sucht. Dann sieht man drei Gänse in eiligem Schritt durch das Gelände laufen: voran der vom Weibchen Erwählte, der nicht unbedingt der Werbung geneigt sein muss, hinter ihm die Gans und zwischen den beiden der mit ihr verpaarte Ganter, der dauernd bestrebt ist, ihr mit weit vorgestrecktem Halse gepresst schnatternd den Weg abzuschneiden. Manchmal versucht er sogar, sie mit der Schulter wegzudrängen und sie gehemmt in den Hals zu beißen.«[79] (Und etwas später beschreibt Lorenz ein entsprechendes Verhalten auch bei der Gans, wenn sich ihr Ganter in eine andere verliebt.)

Hellinger: »Eine Frau erzählte in einer Gruppe, sie quäle ihren Mann mit ihrer Eifersucht, und obwohl sie das Widersinnige ihres Verhaltens erkenne, könne sie ihm nicht widerstehen. Der Gruppenleiter zeigte ihr die Lösung. Er sagte: ›Du wirst deinen Mann verlieren, über kurz oder lang. Genieße ihn in der Zwischenzeit!‹ Die Frau lachte und war erleichtert. Wenige Tage später rief ihr Mann den Gruppenleiter an und sagte: ›Ich danke dir für meine Frau.‹«[80]

Zum Anregen

Erkunden Sie in Ihrer Partnerschaft die Möglichkeit des erotischen Zwiegesprächs, das ist der Austausch über die eigenen erotischen Wünsche, Sehnsüchte und Träume. Eine Einladung dazu gibt das Buch *Worte der Liebe* von Michael Lukas Moeller.[81]

Woran erkennt eine Frau, dass ihr neuer Freund zu egozentrisch ist?

Er brüllt seinen eigenen Namen, wenn er kommt.[82]

Börsenmakler zu seiner Frau: »Die Aktien steigen, und der Kurs ist fest.«

Die Frau dreht sich zur Seite und sagt: »Die Börse ist zurzeit geschlossen.«

Nun dreht sich der Makler enttäuscht zur Seite.

Nach einiger Zeit dreht sich die Frau wieder ihrem Mann zu und flüstert: »Liebling, die Börse ist geöffnet, und ich nehme die Aktien zum Höchstwert.«

Er antwortet jedoch: »Zu spät, ich habe sie bereits unter der Hand verschleudert.«

Szabo, Eva, Aman Peter Schröter und Gabriele ten Hövel, *Verführung zur Ekstase. Tantrische Gespräche über Liebe, Leib und Lust*, Hans-Nietsch-Verlag, Freiburg 2000. Zum Thema Intimität und Sexualität.

Kapitel 6
Kinder

Auch uns ging's nicht anders: Aus Spaß wurde Ernst,
und Ernst ist heute vier Jahre alt.

Graffito

Lars (7) und Amelie (5) toben durch die Wohnung. Kerstin würde am liebsten an den Tagen, an denen Markus' Kinder zu Besuch sind, zu ihrer Freundin ziehen. Es ist ihr einfach zu viel. Doch Markus wirft ihr dann vor, dass sie seine Kinder nicht möge, dass sie seine »Vergangenheit« ausblenden möchte.

Einmal war Kerstin schwanger. Damals, während des Studiums. Brian hieß er, australischer Austauschstudent. Doch er wollte nicht in Deutschland bleiben, und sie wollte keine allein erziehende studierende Mutter sein. So haben beide entschieden, dass eine Abtreibung das Beste sei. Manchmal, wenn es mit Markus schwierig ist, träumt sie sich weg. Wie es wohl gewesen wäre, das Kind zu bekommen? Mit Brian in Australien zu leben?

Dabei hätte Kerstin auch gern ein oder mehrere Kinder. Doch Markus meint zu ihrem Kinderwunsch nur, seine beiden Rangen reichen ihm völlig.

Später bringt er Lars und Amelie zu ihrer Mutter Anna zurück; und wie fast immer kommt er ange-

spannt und gereizt heim. Anna fand, er hätte die Kinder viel zu dünn angezogen, außerdem hätte Amelie einen Sonnenbrand auf der Nase – und, und, und... Völlig entnervt wirft sich Markus auf das Sofa.

Vom Paar zur Familie

> Wenn man Kinder haben will, muss man entweder Sex machen oder heiraten.
> *Kinderzitat*

Die Bindung zwischen Mann und Frau sucht etwas Drittes. Die natürliche Erfüllung sind Kinder. Durch ein Kind wird immer eine besonders starke Bindung hergestellt, unabhängig von den übrigen Gegebenheiten.

Wenn die Jugend schon mit der Eheschließung zum Teil enden mag, so ist sie sicherlich dann ganz vorbei, wenn ein Kind auf die Welt kommt. Etwas ändert sich radikal in der bisherigen Paarbeziehung.

Dennoch bleibt die Grundlage der Familie, die Basis, auf der alles steht, die Paarbeziehung.

Hellinger: »Für die Paarbeziehung ist wichtig, dass sie Vorrang hat vor dem Eltern-Sein, denn das Eltern-Sein ist eine Fortsetzung der Paarbeziehung. Wenn zum Beispiel ein Paar Schwierigkeiten hat und mich um einen Rat bittet, dann frage ich oft: ›Was hat Vorrang, Eltern-Sein oder Partnerschaft?‹ Denn wenn das Paar Kinder hat, nimmt das Eltern-Sein oft die ganze Energie in Anspruch, und für die Paarbeziehung bleibt wenig übrig.

> Aber die Liebe der Eltern zu ihren Kindern nährt sich aus der Paarbeziehung, sie ist eine Fortsetzung davon. Wenn also die Paarbeziehung wieder den ersten Rang einnehmen darf, dann gelingt auch das Eltern-Sein besser. Und vor allem: Kinder, die erleben, dass ihre Eltern einander als Paar lieben, fühlen sich sehr glücklich.«[83]

Dies scheint in der heutigen Zeit immer schwieriger zu werden. Die Stellung der Kinder in der Paarbeziehung hat sich in den letzten Jahrzehnten geändert. Kinder scheinen zunehmend wichtiger zu werden, sodass das Paar wie von selbst mehr in den Hintergrund gedrängt wird. Die Hoffnungen und die Erwartungen, die in die eigenen Kinder gesetzt werden, werden ständig größer – eine Belastung für die Kinder, für die Eltern als Personen und als Paar.

Es ist schlimm für alle, wenn die Paarbeziehung nicht nur vorübergehend, natürlicherweise in der ersten Zeit nach der Geburt, sondern auf Dauer von der Elternschaft verschlungen wird. Gerade wenn die Paarbeziehung vor dem Kind instabil war, kann das Kind durch die neuen Elternrollen Stabilität geben und eine Zeit lang von den ungelösten Grundkonflikten ablenken. Das ist vorübergehend wunderbar. Aber auf Dauer wird das Kind dann mehr und mehr Partnerersatz, was eine schwere Belastung für dieses ist.[84]

Die Paartherapeutin Rosmarie Welter-Enderlin berichtet von ihrem ersten Erstaunen über die relative Häufigkeit außerehelicher Beziehungen von jungen Vätern. Allmählich verstand sie, was für eine Krise die Geburt des ersten Kindes für Männer sein kann:

»Der Verlust der früheren Intimität ist für Männer in der ersten Zeit nach der Geburt oft schmerzhafter als für Frauen, wenn sie trotz ihrer Wünsche, dazuzugehören, auf die Ernährerrolle festgeschrieben werden. Das heißt nicht..., dass Frauen deswegen glücklicher seien. Aber ihre Sehnsucht nach Intimität lässt sich in dieser ersten Zeit mit einem Säugling stillen. Sie ist sogar lebensnotwendig für das Gedeihen des Kindes. Wenn aber aus der anfänglich notwendigen Verschmelzung von Mutter und Kind eine gegenseitige Liebesromanze entsteht, weil die Frau sich von ihrem Mann im Stich gelassen fühlt, schließt diese Symbiose, wie alle Symbiosen, den Dritten aus.

Die in der Untreue versteckte Botschaft des jungen Vaters an seine Frau mag zum Beispiel heißen: ›Ich darf mich dir mit meiner großen Bedürftigkeit nicht zumuten, sonst schiebst du mich weg, als ein Kind zu viel‹, oder aggressiver: ›Da du dir mit dem Kind einen Geliebten genommen und mich verlassen hast, will ich jetzt auch jemanden für mich allein haben.‹«[85]

Wie die Beispiele zeigen, tauchen bei jungen Vätern angesichts der innigen Beziehung ihrer Frau mit dem Säugling die eigenen alten, ungestillten Bedürfnisse wieder auf. Stärkung für ihre neue Rolle erhalten sie in Aufstellungen, wenn sie ihren Vater und all die anderen männlichen Vorfahren dahinter spüren können. Mit ihnen im Rücken kann der Mann dann zu Frau und Kind schauen und die eigene Kraft in der neuen Rolle spüren.

Zwar tut jede junge Mutter und jeder junge Vater

nach Kräften das Beste für das eigene Kind. Das natürliche Bedürfnis ist dabei, aus den Fehlern zu lernen, die die eigenen Eltern gemacht haben. Aber grundsätzlich können wir – als natürlichen Fluss – nur das in der Elternrolle an ein Kind weitergeben, was wir selbst von den Eltern erhalten haben. Wenn dann beispielsweise eine junge Mutter sich nicht mütterlich fühlt, nicht oder nur selten die oben beschriebene Intimität mit ihrem Kind erlebt, dann steht es an, sich mit dem Verhältnis mit der eigenen Mutter auseinander zu setzen. Erfährt jemand da Heilung, wird sich auch das Verhältnis zum eigenen Kind bessern.

Kinder und/oder Karriere?

An eine Dichterin:
Ständig tust du durch das Reimen
deine Hausarbeit versäumen.
Geh endlich in die Küche, Rosa,
koche was und rede Prosa.[86]
Manfred Rommel

Kinder und/oder Karriere? Diese Frage stellt sich heute in weit größerem Ausmaß und Umfang als in früheren Generationen. Wir befinden uns in stetig wandelnden Zeiten. Es ist in erster Linie ein Frauenthema, weil die meisten Männer nicht das Gefühl haben, hier etwas entscheiden zu können. Was Männer stattdessen kennen, ist, wie Welter-Enderlin es ausdrückt, der »Ernährerschock«, der ihnen nach der Geburt des ersten Kindes so sehr wie der »Babyschock« der Frau in die Knochen fährt. Da ist eine heimliche Angst vor dem männlichen Nichtgenügen, sodass das berufliche Vorwärtskommen nun noch intensiver betrieben wird.[87]

Für die Entscheidung kann niemand von außen den »richtigen« Rat geben. Jede Frau, jeder Mann, jedes Paar muss seinen eigenen Weg finden. – Hierzu das Beispiel einer Aufstellung:

Eine 48-jährige Frau stellt auf. Sie war noch Studentin auf der Kunstakademie gewesen, als sie ihren Mann kennen lernte und ihre Karriere als Bildhauerin aufgab. Ihr erstes gemeinsames Kind trieben sie ab. Später bekamen sie noch einen, inzwischen neunzehnjährigen, Sohn. Mittlerweile ist sie von ihrem Mann geschieden. Das Thema ist der Schmerz um den versäumten künstlerischen Beruf.

In der Aufstellung stehen Mann, Frau, das abgetriebene Kind und der Sohn, zusätzlich auch eine Stellvertreterin für die Bildhauerei. Dem Mann ist der Platz unangenehm. Das abgetriebene Kind möchte weg. Der Sohn fühlt sich gut, hat aber kaum Beziehung zum Vater, er spürt auch Leere um sich. Die Bildhauerei fühlt sich auf einem Beobachterposten. Die Frau ist zittrig, und ihr Ohr fängt an zu dröhnen.

Ich stelle die Bildhauerei so, dass sie die Frau und den Mann sehen kann. Es findet ein Austausch zwischen Frau und Bildhauerei statt.

Die Frau: »Ich habe viel Liebe für dich.«

Die Bildhauerei: »Ich fühle mich gut mit dir.«

Die Frau: »Du bist ganz wesentlich für mich.«

Der Mann schaltet sich ein und möchte von der Frau eine Entscheidung zwischen ihm und der Bildhauerei.

Die Frau fängt an zu frieren und meint, ginge es nur um ihn, wäre die Entscheidung klar, aber sie will Kinder. Zu ihm sagt sie: »Ich will einen Mann und Kinder und die Bildhauerei. Ich will alles!«

Er: »Mit mir nicht!«

Dann sagt die Frau zur Bildhauerei: »Ich habe mich für meinen Mann entschieden und dich nicht losgelassen. Es wäre zu schlimm für mich gewesen.« Die Bildhauerei fängt an zu weinen.

Dann sagt die Frau zum Mann: »Du hast verlangt, dass ich die Bildhauerei aufgebe, und ich habe es getan, weil ich Kinder von dir wollte. Ich lasse dir deine Verantwortung, und ich übernehme meine.«

Dem Mann geht es schlecht. Sie fühlt sich ihm gegenüber immer stärker, spürt immer mehr Verachtung.

Dann schlage ich ihr vor, zu sagen: »Ich verachte mich, weil ich nachgegeben habe.« Das stimmt, und sie merkt, dass er nichts dafürkann.

Ich stelle nun die Ordnung der Familie auf, die Eltern nebeneinander und die Kinder vor das Paar, die Bildhauerei an die Seite. Die Frau sagt, dass es sich stabil anfühlt, so eingerahmt zu sein, und freut sich, die Kinder zu sehen. Dem Mann geht es deutlich besser. Wütend ist das abgetriebene Kind, der Sohn etwas zerrissen.

Ich stelle das Kind vor die Mutter. Das Kind wechselt zwischen Trauer und Zorn. Die Situation ist für mich schwierig zu verstehen. Als Experiment schlage ich der Frau vor, zum Mann zu sagen: »Du hast mir die Bildhauerei abgetrieben, und ich habe unser erstes

Kind abgetrieben. Jetzt sind wir quitt.« Sie sagt es und fühlt, dass es richtig ist.

Der Mann bekommt eine Riesenwut, will nichts mehr mit ihr zu tun haben und sie wegjagen. Bei ihr kommt das Gefühl auf, dass er jetzt riesig wird und die Macht dazu hat, sie wie eine Zigeunerin mit Schimpf und Schande zu vertreiben. Die Bildhauerei weint und ist total sauer auf die Frau. Sie sagt zum abgetriebenen Kind, das zu ihr will: »Auch ich bin abgetrieben.« Beide fühlen den Schmerz, und es tut ihnen gut, zusammen zu sein.

Mann und Frau schauen sich an. Der Mann fühlt sich jetzt ohnmächtig. Sie bekommt das Bild einer Kippschaukel. Er sagt zu ihr: »Wenn du Bildhauerin geworden wärest, wäre es mir zu viel gewesen. Das hätte ich nicht ausgehalten. Du wärest mir zu stark gewesen. Das hat nichts mit dir, nur mit mir zu tun.«

Sie sagt: »Ich habe einen Teil meiner Kraft weggegeben, um mich dir anzupassen, und dafür trage ich die Folgen. Du bist nur mein Mann, und ich bin nur deine Frau.«

Er fühlt sich lauwarm und meint zu ihr: »Ich habe das Gefühl, du siehst mich nicht.«

Sie: »Es stimmt.«

Er fährt fort: »Du wolltest nicht eigentlich mich, du wolltest Kinder, und das werfe ich dir vor. Auch ich fühle mich verraten.«

Sie: »Ich habe dich nicht gesehen, und ich wollte nicht eigentlich dich, sondern die Kinder. Ich habe dich reingelegt.« Er übernimmt seine Verantwortung dafür, dass er sich hat reinlegen lassen.

Jetzt fängt die Frau an, den Mann mehr zu sehen, und es tut ihr Leid, dass die Beziehung zu ihm nicht wirklich entstehen konnte. Auch dem abgetriebenen Kind geht es besser, und sie kann jetzt anfangen, die Beziehung zu ihm zu heilen (siehe nächstes Kapitel).

Jetzt sagt die Frau zur Bildhauerei: »Du warst mein Traum. Du hast jetzt an Intensität verloren.«

Die Bildhauerei hat das Gefühl, sie könne nun gehen, die Frau will das aber nicht. Stattdessen sagt sie: »Ich hatte das Gefühl, ich müsste mich entscheiden zwischen dir und Kindern. Kinder werden groß und gehen weg. Ich hoffe, du bleibst.«

Jetzt mag die Bildhauerei bleiben und sagt: »Ich warte. Es ist egal, wo ich warte, du wirst mich finden, wenn du willst.«

An dieser Aufstellung sehen wir, wie vielschichtig das Thema Beruf und Kinder sein kann. Ein entscheidender Schritt ist, dass jemand, ganz gleich, wie eine Entscheidung ausfällt, die Verantwortung für die Entscheidung übernimmt. Das Gegenteil wäre, wenn jemand sich nach seiner Entscheidung als Opfer fühlt oder sich zum Opfer macht. Darum ging es auch immer wieder in der obigen Aufstellung.

Ein grundsätzliches Hindernis für Frauen, die im Beruf kompetent und erfolgreich sein wollen, kann aus der Treue zur Mutter kommen. Wenn die Mutter noch Hausfrau war und vielleicht sogar noch unzufrieden damit, dann mag es der Tochter im Innern wie ein Verrat vorkommen, nicht Hausfrau und sogar glücklich in einem Beruf zu sein:

Die Klientin fühlt sich immer noch in ihrer beruflichen Entwicklung gebremst, obwohl sie dort sehr viel Kompetenz beweist.

Ich stelle die Klientin und jeweils eine Stellvertreterin für den Teil von sich, der sich unsicher fühlt, und für den Teil, der kompetent ist.

Die Frau mag den unsicheren Teil zunächst nicht anschauen, sie möchte ihn weghaben. Daraufhin stelle ich noch ihre Mutter und andere weibliche Vorfahren hinter ihr auf. Die Frau dreht sich um zu ihren Ahnen, verneigt sich und sagt: »Ich achte euer Leben. Bitte schaut freundlich auf mich, wenn ich beruflichen Erfolg habe und ihn genieße!« Die Vorfahren schauen freundlich.

Jetzt kann die Frau zu dem unsicheren Teil schauen und ihm einen Platz geben. Dennoch wird sie unsicher, als sie anschließend zum kompetenten Teil schaut. Irgendetwas fehlt noch. Ich stelle den Vater neben die Mutter. Sofort sind Spannungen zwischen beiden sichtbar. Auch die Tochter hat Schwierigkeiten, zum Vater zu schauen.

Die Lösung ist erst dann möglich, als die Tochter der Mutter sagt: »Ich lasse eure Spannungen bei euch. Ich bin nur das Kind. Und ich liebe meinen Vater wie dich.« Dann kann sie liebevoll zum Vater schauen und anschließend auch zum beruflich kompetenten Teil.

Das Vorbild für berufliche Kompetenz ist noch sehr an das Männliche gekoppelt. Spannungen zwischen Männern und Frauen, zwischen Vater und Mutter, übertragen sich dann auch auf dieses Thema. Erst wenn das

Kind sich mit Achtung aus diesem Spannungsfeld zurückzieht, kann es vom Vater auch die berufliche Kompetenz nehmen.

Ein häufiges Muster ist heute noch, dass die Frau sich zu Hause mit Kind und Haushalt beschäftigt und der Mann außerhalb arbeitet und Freude an seinem Beruf hat. Die Frau ist unzufrieden, schaut auf den Mann und neidet ihm Freude und Arbeit. Sie verlangt deshalb vom Mann nach seiner Arbeit möglichst viel Entlastung von Kind und Haushalt. Gleichzeitig traut sie sich nicht, selbst wenn es praktisch möglich wäre, teilweise außer Haus zu gehen und selbst eine Arbeit zu finden. Sie hätte ein schlechtes Gewissen, und diese Unzufriedenheit lässt sie am Mann aus. Zufriedener kann sie nur werden, wenn sie mehr auf sich schaut, was sie will, und sich innerlich löst vom Mann, indem sie die Arbeit nicht mehr vergleicht.

Hohnen: »Was ist, wenn ich in einer Beziehung bin und bekomme von meiner Partnerin gesagt: ›Die berufliche Arbeit macht dir wohl Spaß?‹?«

Hellinger: »Der Gegensatz zwischen der Arbeit und der Beziehung, wie er oft konstruiert wird, ist schädlich. Die Arbeit hat nämlich Vorrang vor der Beziehung, nicht umgekehrt. Wenn der Vorrang der Beziehung gefordert wird und man versucht, sich dem zu fügen, leidet die Beziehung. Wenn aber beide Partner sich in ihrer Arbeit erfüllt erleben, ist, in der Regel, auch ihre Beziehung in Ordnung.«

Ulsamer: »Gibt es einen grundsätzlichen Unterschied, wie Männer und wie Frauen das erleben?«

Hellinger: »Ja. Eine Frau als Mutter mit Kindern hat natürlich eine Menge Arbeit. Das ist eine erfüllende Arbeit für die Frau, und sie braucht dazu auch die Unterstützung des Mannes. Sehr viel, was die Frau braucht und eigentlich will, ist die Unterstützung des Mannes für diese Arbeit. Auch für den Mann ist es erfüllend, wenn er ihr diese Unterstützung gibt.

Aber nur Beziehung alleine, das hält einer nicht aus. Es gibt ein Bild in den Aufstellungen. Wenn ein Paar sich anschaut, halten sie das nicht lange aus. Wenn sie aber beide in die gleiche Richtung schauen, nach draußen, auf etwas Drittes, dann rücken sie zusammen und finden zusammen.«

Ulsamer: »Wenn ein Paar in eine Richtung schaut, ist das Natürliche ja, dass da Kinder stehen. Was ist, wenn da keine Kinder stehen? Gibt es etwas anderes, was dafür stehen kann?«

Hellinger: »Zum Beispiel ein gemeinsames Engagement für eine Sache. Es braucht nicht einmal gemeinsam zu sein, man kann sich über die unterschiedlichen Engagements auch austauschen. Aber wenn Partner nur mit sich befasst sind, ist das die Hölle.«[88]

Kinderlosigkeit

Heilige Jungfrau Maria, gib, dass ich sündige, ohne zu empfangen, wie du empfangen hast, ohne zu sündigen.
Graffito

Auch wenn die Weiterentwicklung einer Paarbeziehung in einem Kind besteht, heißt das nicht, dass es keine guten Beziehungen ohne Kinder gibt. Ungewollte Kinderlosigkeit ist für Paare ein schweres Los, das sie, wenn sie es gemeinsam tragen, verbindet. Wenn beide Partner jedoch entschlossen sind, keine Kinder zu bekommen, schwächt das ihre (Ver)bindung. Hellinger formuliert klar: Der Partner, der kein Kind will oder zeugen/empfangen kann, hat kein Recht, dass der andere, der ein Kind will, bleibt.

Hellinger: »Wenn ein Paar zusammenkommt und es stellt sich heraus, dass einer von den beiden keine Kinder bekommen kann, dann darf er sozusagen diese Last nicht dem anderen Partner aufbürden. Wenn der eine keine Kinder bekommen kann, der andere kann, und er möchte, dann muss der, der keine Kinder bekommen kann, den anderen freigeben. Man kann nicht einem anderen sein eigenes Schicksal aufbürden. Jeder muss sein eigenes Schicksal tragen, dann hat jeder seine Würde. Wenn dann der andere Partner sagt: ›Ich bleibe dennoch bei dir‹, ist das ein sehr großes Geschenk, und es muss eigens gewürdigt werden.

Wenn es eine neue Partnerschaft gibt, wo sich ein

Partner hat sterilisieren lassen, gibt es keine feste Bindung. In diesem Fall ist von vornherein etwas ganz Wesentliches ausgeklammert.«

Harm: »Ist das dann Schicksal?«

Hellinger: »Man muss dann mit seinem Schicksal und mit den Folgen seines Verhaltens leben. Das muss man dann anerkennen. Wenn jemand so lebt, dann ist auch wieder Würde drinnen…«

Daniela: »Ich hatte einige Operationen im Bauch. Aber man hat nicht zu mir gesagt, dass ich keine Kinder bekommen könnte. Ich bin fruchtbar, aber es kann sein, dass es trotzdem nicht klappt.«

Hellinger: »So ein Risiko nimmt ein Paar auf sich. In jeder anderen Beziehung ist es ja auch so. Man weiß das nicht von vornherein.«[89]

Was ist nun aber mit freiwilliger Kinderlosigkeit? Wenn ein Mensch oder ein Paar entschlossen ist, keine Kinder zu bekommen? – Der Psychoanalytiker Wolfgang Schmidbauer spricht in einem *Spiegel*-Interview über Elternschaft, wie wertvoll diese Erfahrung ist:

»Ich glaube, dass Frauen und Männer, die keine Kinder bekommen, eine enorme psychische Aufgabe haben, damit konstruktiv umzugehen. Der Stress der Mutterschaft ist nach meiner Ansicht leichter zu bewältigen als der Stress der Kinderlosigkeit… Es ist nun mal eine alte, mächtige Tradition, dass Menschen Kinder kriegen. Wer sich dieser Tradition entzieht, muss halt mit diesem Defizit fertig werden, er muss es sozusagen abtrauern.«[90]

Traditionen haben die Eigenschaft, dass sie sich ändern. Ist Elternschaft also eine beliebige, freie Wahl? Bei der der Progressive die Traditionen am besten sein lässt? Zwei Hefte später antwortet denn auch empört eine Leserin in einem Leserbrief:

»Als freiwillig kinderlose Frau haben mich die Ausführungen von Herrn Schmidbauer extrem geärgert. Ich muss meine Entscheidung oder gar mein ›Defizit‹ nicht ›abtrauern‹. Warum meinen Menschen mit ausgeprägtem Glucken- und Fortpflanzungsinstinkt, sie wüssten, was in anders Denkenden vorgeht? Ist es so abwegig, dass eine Frau diese Entscheidung freiwillig und ohne Reue trifft? Vielleicht geht es bei dieser Diskussion aber auch einfach um Neid. Bei vielen Gesprächen mit Kinderfanatikern, die die Werbetrommel für ihre Lebensform rühren, habe ich das Gefühl, dass sie das, womit sie da tagtäglich zu kämpfen haben, nicht nur als ›Bereicherung‹ empfinden.«

Was hat Hellinger dazu zu sagen? Was zeigen Aufstellungen? – Kinder zu bekommen, ist nicht nur eine Tradition, sondern etwas ganz Wesentliches für einen Menschen. Der Ausgleich von Geben und Nehmen ist bei einem Paar und Erwachsenen grundsätzlich möglich. Es gibt nur ein menschliches Verhältnis, wo ein solcher Ausgleich von vornherein unmöglich ist: das zwischen Eltern und Kindern. Durch die Eltern kommt das Leben zum Kind, und das Kind nimmt. Es kann nichts annähernd Gleichwertiges zurückgeben. Der einzige indirekte Ausgleich, der dem Kind möglich sein wird, ist, das an die eigenen Kinder weiterzugeben, was es selbst bekommen hat. Die eigenen Kinder erhalten dann das Leben, und so geht der Fluss des Lebens weiter.

Darüber hinaus bedeutet das Leben eine solche Kraft, dass Elternschaft ein natürliches Bedürfnis ist. Was ist dann aber mit dem Leserbrief und vielen anderen Menschen, die ähnlich empfinden? Aufstellungen entschlüsseln das Geheimnis:

Die Klientin kommt, weil sie und ihr Mann in einer schweren Krise stecken. Er möchte gern Kinder mit ihr. Sie will aber auf keinen Fall welche. Auf die Frage nach besonderen Ereignissen in der Familie berichtet sie, dass die Mutter der Mutter im Kindbett bei der Geburt des jüngsten Kindes gestorben ist.

Enkelin, Mutter und Großmutter werden aufgestellt. Sofort zeigt sich eine ganz starke Verbindung von der Enkelin mit ihrer Großmutter. Sie strahlt sie an und möchte sich neben sie stellen. Ich stelle die Enkelin vor die Großmutter und lasse diese zu ihr sagen: »Ich bin im Kindbett gestorben.«

Sofort bekommt die Enkelin Angst. Ich schlage ihr vor, zu sagen: »Ich habe Angst davor, Kinder zu bekommen, weil ich sehr mit dir verbunden bin.« Sie stimmt dem zu.

Dann sagt die Großmutter zur Enkelin: »Es ist das Risiko der Frauen, bei der Geburt eines Kindes zu sterben, und ich nehme das Risiko auf mich und auch meinen Tod. Du bist nur die kleine Enkelin.«

Die Enkelin verneigt sich mit Achtung vor der Groß-

mutter und richtet sich befreit auf und sagt ihr: »Bitte schau freundlich, wenn ich Kinder bekomme und am Leben bleibe.«

Die Großmutter schaut freundlich: »Du kannst Kinder bekommen, leben und mit mir verbunden bleiben.«

Ich habe bisher in allen Aufstellungen, bei denen direktes Thema oder Thema im Hintergrund freiwillige Kinderlosigkeit war, eine Verbindung zu schweren Schicksalen in der Familie gefunden. Erst wenn eine solche Verbindung gelöst ist, kann der natürliche Wunsch, Kinder zu bekommen (oder auch der Schmerz darüber, keine zu haben), dahinter hervortauchen. Bis dahin wird die Kinderlosigkeit als freiwillige Wahl erlebt, mit der jemand dann auch, zu Recht, ganz im Reinen ist. – Im Zusammenhang damit halte ich eine weitere Aussage von Hellinger bedenkenswert:

> »Wenn sich jemand für etwas entscheidet, dann muss er in der Regel etwas anderes lassen. Das, wofür er sich entscheidet, ist das, was verwirklicht wird... Verachten sie das nicht Verwirklichte, nimmt dieses von dem, was sie wählten, etwas weg. Es wird weniger. Würdigen sie das nicht Verwirklichte, obwohl sie es nicht wählen, dann fügen sie dem, was sie gewählt haben, etwas hinzu. Frauen, die sich des Verlustes bewusst sind und bewusst darauf (Kinder zu bekommen) verzichten und die dem bewusst zustimmen, retten das Weibliche in das Neue hinüber. Das gewinnt dann eine andere Qualität. Durch den bewussten Verzicht wird

also etwas gewonnen. Das, was ich nicht erwählt habe, wird wirksam, indem ich es würdige, auch wenn ich es selber nicht verwirkliche.«[91]

Wer im Leben sich für eine Alternative entscheidet (zum Beispiel Elternschaft oder nicht), der hat zwei Möglichkeiten. Er kann die andere Alternative abwerten, um so das Gefühl zu haben, die »richtige« Entscheidung getroffen zu haben. Dann wird er enger. Wer stattdessen den Schmerz über die entgangene Alternative und diesen Verlust zulässt, wird weiter.

Wie schwierig das Thema »Keine Kinder mehr bekommen« auch mit mehreren gemeinsamen Kindern sein kann, zeigt die folgende Aufstellung:

Die Klientin hat mit ihrem Mann zwei gemeinsame Kinder. Sie ist über vierzig, möchte keine Kinder mehr und sich deshalb sterilisieren lassen.

Es stehen Mann und Frau. Der Mann fühlt sich stark, die Frau ist traurig. Zunächst schlage ich ihr vor, zu sagen: »Es steht eine Entscheidung an. Wir haben drei Kinder, und ich will kein weiteres.« Das stimmt nicht, und sie verbessert: »Ein Teil von mir möchte kein weiteres, und ein Teil möchte noch eines.«

Er versucht, sie anzuschauen: »Mir fehlt die Stärke zur Entscheidung.«

Sie fühlt sich so allein und allein gelassen mit dieser Entscheidung. Sie möchte näher zu ihm hin, aber dann kommt wieder das Gefühl, sie sei viel zu nah. Sie sagt: »Es gibt noch sehr viel Unausgesprochenes zwischen uns.«

Er stimmt zu und meint, dass er darüber nicht reden wolle. Dieses Unausgesprochene macht beiden Angst. Ich schlage ihr den Satz vor: »Ich habe Angst, dass wir uns trennen.« Sie kann es nicht sagen, weint und fühlt sich wieder wie ein kleines Kind.

Erst als sie sich an die zwei gemeinsamen Kinder erinnert und daran, dass sie Mann und Frau sind, wird sie stärker. Dann kann sie sagen: »Ich habe Angst, du verlässt mich, wenn ich mich sterilisieren lasse.«

Er meint: »Für mich als Mann ist es wichtig, mich nicht sterilisieren zu lassen, es hat nichts mit dir zu tun.« Nach einer Weile fügt er hinzu: »Für mich als Mann ist es schwierig, wenn du dich sterilisieren lässt.«

Sie hat das Gefühl, sie muss es tun.

Er: »Du tust es nicht für mich, du tust es für dich.«

Sie schließt: »Als Frau ist das meine Verantwortung, und ich trage die Folgen. Ich bin noch nicht ganz entschieden. Aber wenn ich mich dazu entscheide, trage ich die Folgen; und eine der Folgen ist das Risiko, dass unsere Ehe kaputtgeht.«

Er sagt: »So ist es.«

Was wir in einer solchen Aufstellung sehen, ist etwas von den unterschwelligen Gefühlen, die ein Paar bei einer derartigen Entscheidung haben kann. Deshalb ist es notwendig, sich nie überreden zu lassen und ganz und gar auf die innere Stimme zu hören.

Abtreibung

Abtreibungen sind in der heutigen Gesellschaft eine gewisse Selbstverständlichkeit geworden. »Mein Bauch gehört mir« war ein frühes Schlagwort der Feministinnen, die das Recht auf Abtreibung forderten. Damit scheint eine Abtreibung eine Entscheidung, die eine Frau – sicherlich – nicht mit leichtem Herzen, aber doch mit klarem Kopf unter der Abwägung aller Umstände im Rahmen ihrer Lebensplanung verantwortlich trifft.

Aufstellungen zeigen, dass es unter dieser Oberfläche noch eine tiefe Schicht gibt, die mit einer Abtreibung verbunden ist. Abtreibung wird von dem eigenen Inneren als Unrecht empfunden. Die Stellvertreter nehmen das deutlich wahr. Wenn eines Menschen »Seele«, so wie Hellinger es gern ausdrückt, etwas als Unrecht empfindet, sorgt sie dafür, dass bezahlt wird. Diese Form der Schuld bringt immer negative Folgen. Sie wird bezahlt, entweder von einem selbst oder von anderen Mitgliedern des Systems.

Die Klientin hat zusammen mit ihrem Mann ihr erstes Kind abgetrieben. In der Aufstellung stehen sie, ihr Mann und das abgetriebene Kind. Das Kind fühlt sich von den Eltern abgeschnitten und sehr kalt. Die Mutter will nicht hinschauen, fühlt sich ebenfalls kalt. Der Vater schaut etwas traurig.

Ich schlage ihr vor, dem Kind zu sagen: »Du bist mein erstes Kind, und ich habe dich abgetrieben.«

Durch diesen Satz entsteht etwas Kontakt, und sie schaut etwas weicher zum Kind.

Dem Kind geht es nun ein wenig besser. Jetzt kommt mehr Spannung zwischen dem Paar auf. Oft hat einer von beiden insgeheim einen Vorwurf gegen den anderen. Der Mann schaut vorwurfsvoll, und ich schlage ihm vor, zu sagen: »Ich werfe dir vor, dass du unser erstes Kind abgetrieben hast.« Das ist stimmig.

Das Paar hat gemeinsam die Abtreibung beschlossen. So lasse ich den Mann sagen: »Ich übernehme meine Verantwortung an der Abtreibung, und deine lasse ich dir.« Sie sagt dann das Gleiche zu ihm.

Dann stehen beide entspannter nebeneinander und schauen wieder zum Kind. Die Mutter sagt jetzt: »Du bist das Kind, das wir abgetrieben haben. Du hast mir das Größte gegeben, was man jemandem geben kann, nämlich dein eigenes Leben. Ich nehme es von dir an, dass du Platz gemacht hast, und trage meine Schuld und Verantwortung.«

Mit diesen Sätzen kommt ein großer Schmerz. Dann sagt sie: »Ich gebe dir jetzt einen Platz in meinem Herzen.« Beide schauen zu dem Kind hinunter und fühlen ihre Trauer. Das Kind fühlt sich jetzt angenommen und geborgen.

Um innerlich nach einer Abtreibung zur Ruhe zu kommen, muss das abgetriebene Kind wieder seinen Platz im System von Vater und Mutter erhalten. Das Wichtigste ist zunächst, dass es als eigenständiger Mensch gesehen wird. Wenn man dem Kind in die Augen schaut, dann kommt als angemessene Reaktion der

Schmerz über den Verlust. Diesem Schmerz gilt es sich zu stellen. Er bringt die Heilung. Dann wird die eigene Verantwortung und Schuld angenommen, und damit darf es dann allmählich vorbeigehen.

In meinen Seminaren erlebe ich immer wieder Reaktionen, die das umgehen wollen. Da sagt dann jemand: »Doch, ich bin inzwischen mit der Abtreibung klar. Das ist kein Thema mehr für mich.« Oder die esoterische Variante, die Realität zu vermeiden: »Zwei Jahre nach der Abtreibung habe ich dann wieder ein Kind bekommen. Ich habe genau gespürt, das ist die Seele des abgetriebenen Kindes, die wiedergekommen ist.« Diese Haltungen stellen den Versuch dar, zu vermeiden, dass man das Kind sieht und den Schmerz sowie die Verantwortung für sein Handeln annimmt. Wenn das abgetriebene Kind dann dennoch aufgestellt wird, sind wichtige Schritte zur Heilung und Lösung möglich.

Hellinger: »Eine Abtreibung wird in der Regel tief in der Seele als schwere Schuld erlebt. Es wird vom Kind etwas Letztes gefordert, weil man sich von einer Last befreien will. Man meint, man könnte sich befreien. Aber die Seele stimmt dem nicht zu. Die Seele fühlt die Schuld. Dann setzt sehr häufig bei dem Paar ein Prozess ein, in dem Sinne, dass es die Schuld loswerden will, und zwar durch Sühne. Indem beide es sich schlecht gehen lassen. Und sehr häufig auch, indem spätere Beziehungen nicht gelingen dürfen.

Jetzt überlegen wir uns einmal: Wie geht es den abgetriebenen Kindern, wenn die Eltern dafür sühnen? Es geht ihnen schlecht. Denn das Schlimme darf nicht zu Ende sein. In sich sind diese Kinder ja in Frieden. Für ein Kind ist der Tod nichts Schlimmes. Aber die Eltern sind im Unfrieden, weil sie dazu nicht stehen.

Bei Schuld gibt es zwei Lösungsmöglichkeiten. Die erste ist, dass man dazu steht im Sinne von ›Ich habe es gewollt, und ich stehe dazu‹. Wer zu der Schuld steht, bekommt aus der Schuld eine Kraft, die Unschuldige nicht haben. Aus dieser Kraft können die Eltern dem abgetriebenen Kind einen Platz in ihrem Herzen geben. Sie können ihm sagen: Jetzt bin ich dein Vater. Jetzt bin ich deine Mutter. Ich nehme dich als mein Kind, und ich achte, dass du Platz gemacht hast, damit es mir besser geht.

Die zweite Lösungsmöglichkeit ist das, was vorhin bei der Familienaufstellung des Mannes zum Ausdruck kam. Er hat gesagt: ›Es vorbei.‹ Da ist etwas Wahres dran. Schuld muss nach einiger Zeit vorbei sein dürfen. Sie kann vorbei sein, wenn man zu ihr steht. Das ist ganz wichtig. Danach gestattet man sich einen neuen Anfang.«[92]

Künstliche Befruchtung

Künstliche Befruchtungen setzen sich in immer breiterem Umfang durch. In den USA gibt es bereits über 400 entsprechende Kliniken, die Fortpflanzungsindustrie macht schon Milliardenumsätze.

Was geschieht dabei mit den Eltern? Was mit den Kindern? Da das Thema noch relativ jung ist, taucht es erst allmählich in Aufstellungen auf. In Zukunft wird es sicherlich noch weit mehr Umfang einnehmen.

Es gibt Untersuchungen, dass Kinder, die von unbekannten Samenspendern gezeugt worden sind, normal aufwachsen und keine besonderen Schwierigkeiten damit haben. Dass die künstliche Befruchtung auch eine andere Seite haben kann, zeigt die Geschichte von Rebecca Thompson, die der Reporter Ralf Hoppe in einem *Spiegel*-Artikel eindringlich beschrieben hat.[93]

Als Rebecca vier Jahre alt war, erfuhr sie das Geheimnis, dass ihr Daddy nicht ihr richtiger Vater sei, sondern dass sie über eine Samenbank empfangen worden war. Mit 22 machte Rebecca sich auf, ihren richtigen Vater zu finden. Sie wird zur Detektivin. Sie findet heraus, dass der Gynäkologe als Samenspender immer Medizinstudenten vom selben College akquiriert hatte. In den Jahrgangsbüchern des Colleges sucht Rebecca nach einem Studenten, der blond und blauäugig ist – wie sie. Dann sieht sie ihn – Gesicht, Augen, Nase, Mund: alles stimmt.

Der Mann, dessen Adresse sie ausfindig macht, ist inzwischen über fünfzig und Neurologe. Sie ruft ihn an, um zu erklären – und er legt jedes Mal auf. Beim dritten Telefonat schreit er, sie solle aus seinem Leben verschwinden.

Rebecca fährt 1100 Meilen nach Kansas City, findet das Haus und klingelt. Seine Frau öffnet, und Rebecca stammelt irgendeine Notlüge, dass sie sich verfahren habe. Die Frau lädt sie herein und will ihr helfen. Sie sehe schließlich ihrer Tochter so ähnlich. Auf dem Foto auf der Anrichte gleicht ihr dieses Mädchen aufs Haar. Dann kommt der Sohn und sieht ihr verblüffend ähnlich. Es ist ihr, als hätte sie ihre Familie gefunden und dürfte es nicht sagen. Nur Rebeccas Vater, der im Arbeitszimmer ist, kommt, obwohl seine Frau ihn mehrmals ruft, nicht heraus.

Dann fährt Rebecca weinend die 1100 Meilen zurück, und sie wird nie mehr hinfahren. Sie sagt: »Es gibt Tage, an denen ich das Wort Samenbank hasse.«

Dieser Bericht zeigt eindrücklich, wie wichtig es für Kinder ist, zu wissen, wer Vater und Mutter sind. Es ist ähnlich wie bei Adoptivkindern. Ein Kind will wissen, wer die biologischen Eltern sind, von wem es abstammt, mit wem es verwandt ist. Der Vater ist derjenige, dessen Samenzelle das Ei befruchtet hat – ganz gleich, was die medizinische Technik aus dem ursprünglichen Geschlechtsakt gemacht hat.

Auch wenn der Samenspender als Mensch und Mann nie in Erscheinung getreten ist, nie eine persönliche Beziehung zu der Frau bekommen hat, so ist doch er bzw. sein Same die entscheidende Ursache der Schwangerschaft. Wäre es so viel anders, wenn die Frau mit ihm irgendwo anonym – salopp gesagt – »eine schnelle Nummer« gehabt hätte? Von daher werden die Aussagen Hellingers in der nächsten Aufstellung verständlich:

Das Paar hat zwei Kinder, das erste adoptiert, das zweite, die Tochter, entstand durch künstliche Befruchtung von einem unbekannten Samenspender.

Hellinger spricht zunächst etwas allgemein: »Zwischen den Systemen gibt es eine Rangordnung. Das neue System hat Vorrang gegenüber dem früheren System. Sobald es daher ein Kind aus einer anderen Beziehung gibt, ist die frühere Beziehung vorbei. Das war hier der Fall. Als deine Frau und du sich für eine künstliche Befruchtung durch einen anderen Mann entschieden, war diese Ehe vorbei.«

In der Aufstellung ist der Mann traurig, die Ehefrau feindselig. Zwischen der Tochter und dem natürlichen Vater, dem Samenspender, fließt Energie. Hellinger lässt die Mutter dem Kind sagen: »Ich habe dich um deinen Vater betrogen.«

Das Kind sagt zur Mutter: »Ich nehme mein Leben auch auf diese Weise.«

Der Mann sagt zum Kind: »Du bist nie mein Kind gewesen. Du bist nicht mehr mein Kind.« Schließlich sagt er ihr noch: »Doch ich habe dich sehr geliebt wie ein Vater.«

Die Tochter dankt: »Danke für alles, was du mir gegeben hast. Und für die Liebe, die du mir geschenkt hast.«[94]

Ich selbst hatte bei meiner Arbeit bisher kaum die Gelegenheit, mich mit der künstlichen Befruchtung auseinander zu setzen. Im bisher einzigen Fall kam noch eine zusätzliche Dynamik ins Spiel, weil ich auch den behandelnden Arzt stellvertreten ließ. Der Satz, der in ihm auftauchte, war: »Ich bin wie Gott und schaffe Leben.« Und die Frau wollte keine Verantwortung für die Befruchtung übernehmen, sondern kam sich als

Opfer der Männer vor. Mir erscheint es daher, dass bei dem ganzen Komplex auch im Untergrund zentrale Themen von Männern und Frauen mitschwingen.

Kinder sind Seismographen der elterlichen Konflikte

Der Seismograph ist ein Messinstrument zum Feststellen eines Erdbebens. Diese Instrumente sind so fein, dass sie auch ein Erdbeben in weiter Entfernung wahrnehmen können. Kinder haben die gleiche feine Wahrnehmung, und sie reagieren so empfindlich wie ein Seismograph auf Probleme, die zwischen einem Paar bestehen, und bei Problemen, die Vater oder Mutter persönlich tragen.

Rosmarie Welter-Enderlin nennt Kinder »Wecker«, die Hinweise darauf geben, dass etwas nicht stimmt. Ihrer Erfahrung nach sind es bei jüngeren Kindern eher Jungen, welche entsprechende Signale aussenden, zum Beispiel aggressives Verhalten oder Leistungsverweigerung. Bei älteren sind es eher Mädchen, und zwar mehr mit depressiven Symptomen oder zum Beispiel auch Essstörungen.[95]

Natürlich sind alle Probleme des Kindes Probleme der Eltern. Wenn ein Kind Schwierigkeiten mit dem Lehrer oder einer Klassenkameradin hat und deshalb leidet, gehört das zum Bereich des Kindes. Aber häufig sind Probleme miteinander verwoben.

Auch wir selbst als Kinder unserer Eltern sind und waren diese Seismographen. Kinder tragen mit. Und so, wie wir es getan haben, tun es auch unsere Kinder.

Je mehr ein Paar seine eigenen Konflikte angeht und bereit ist, sie zu lösen, desto weniger werden Kinder damit belastet. Je mehr auch jeder Vater und jede Mutter bereit ist, »aufzuräumen«, desto unbelasteter werden ihre Kinder sein.

Dazu gehören einmal Bereiche des persönlichen Lebens, die gerade auch im nächsten Kapitel behandelt werden. Ebenso können schwer wiegende Ereignisse der Familiengeschichte Auswirkungen haben. Es ist hilfreich, sich damit auseinander zu setzen, vielleicht auch mit einer eigenen Familienaufstellung.

Patchworkfamilien

Allmählich mag Kerstin Lars und Amelie, die beiden Kinder von Markus, immer lieber. Inzwischen kocht sie sogar manchmal, wenn sie zu Besuch kommen. Außerdem weiß sie, wie Markus das freut. Aber immer wieder einmal wird sie doch eifersüchtig, wenn er so von den beiden schwärmt und ganz stolz auf sie ist. Schließlich ist sie doch die Wichtigste!

Die »Patchworkfamilie« taucht als Schlagwort in den Diskussionen über Ehe und Familie in den letzten Jahren immer häufiger auf. Damit sind die neuen, vielfältigen Familienformen gemeint. Die alte Familienstruktur bestand aus Vater, Mutter und einem oder mehreren Kindern, die zusammenlebten.

Immer häufiger löst sich heute diese Struktur auf. Paare mit Kindern trennen sich. Manche – hauptsächlich die Mütter, wie Anna – werden zu Alleinerziehenden. Viele finden sich wieder mit neuen Partnern zusammen. Die neuen Partner werden zu Stiefvätern und Stiefmüttern. Aber während in einer Stieffamilie früher der Vater oder die Mutter meist gestorben war, leben die Elternteile heute in naher oder ferner Umgebung weiter, ebenfalls mit einem neuen Partner, bekommen wieder eigene Kinder – und so fort.

Als gesichert gilt immerhin, dass in Deutschland von den rund zehn Millionen Familien mit Kindern rund 1,5 Millionen zusammengewürfelt sind. Andere Expertenschätzungen gehen sogar von rund 2,5 Millionen Stieffamilien aus.

Da hat zum Beispiel ein Kind ein Halbgeschwister von der ersten Beziehung der Mutter und ein Geschwister von der zweiten Beziehung. Und es lebt jetzt zusammen mit einem weiteren Halbgeschwister vom dritten Mann und dessen einem Kind, das er mit in die Ehe gebracht hat. Ordnung, so künstlich sie auch früher manchmal aufrechterhalten blieb, wandelt sich zu unübersichtlicher Unordnung oder sogar Chaos. Wer ist eigentlich mit wem wie verwandt?

Die Kinder sind in dem Ganzen der schwächste Teil. Sie folgen den Entscheidungen der Erwachsenen. Sie müssen dahin gehen, wohin die Eltern sie mitnehmen oder hinschicken.

Gerade für Eltern in Patchworkfamilien sind die Aussagen über Ordnungen in Familien von Bert Hellinger hilfreich.

Das Wichtigste ist, dass die Eltern immer die Eltern bleiben. Markus und Anna haben sich getrennt – aber nur als Paar. Als Eltern gehören sie weiter zusammen und sind für ihre Kinder verantwortlich.

Wer geht vor? Der neue Partner oder das Kind?

Auch Markus steht in dem Dilemma, in das jeder kommt, der für seine kleinen Kinder da ist. Die gute Ordnung in einer »klassischen« Ehe bzw. Partnerschaft, bei der ein Paar gemeinsame Kinder hat, ist die, dass der Mann für die Frau und die Frau für den Mann an erster Stelle kommen. Aus dieser Verbindung kommt die Kraft für die Kinder, die danach an zweiter Stelle kommen. Wie ist das bei Markus? Wer kommt da zuerst?

Wenn Kinder, wie hier Lars und Amelie, aus einer früheren Beziehung da sind, kommen diese Kinder für Markus an erster Stelle. Die neue Frau kommt erst danach.

Der Vorrang nach Plätzen hat nichts mit äußerem Verhalten zu tun. Nicht etwa, dass sich Markus deshalb von den Kindern kommandieren oder sich seine neue Beziehung vorschreiben ließe. Wenn er eine neue Partnerin nimmt, handelt er auf der Paarebene – und die geht die Kinder nichts an. Es geht um ein inneres Wissen und eine innere Haltung, wer grundsätzlich zuerst kommt und Vorrang hat.

Oft ist es so, dass neue Partner diesen Vorrang der leiblichen Kinder nicht achten; sie würden gern die erste Stelle einnehmen. Kerstin würde gern für Markus wichtiger sein als seine Kinder. Wird diese Ordnung nicht beachtet, ist jedoch unlösbarer Unfrieden programmiert.

Denn wenn Kerstin die erste Stelle bei Markus einnehmen will oder soll, spüren das die Kinder. Sie bekommen Angst, fühlen sich von ihrem Platz verdrängt und revoltieren gegen die neue Partnerin.

Es ist immer eine besondere Schwierigkeit für die Nachfolger und Nachfolgerinnen, wenn der neue Partner bereits ein Kind hat. Aber erst wenn diese Ordnung respektiert wird, können die Beteiligten sich entspannen.

Zum Anregen

Hohnen: »Du hast manchmal gesagt, eine Paarbeziehung ist vollendet, nachdem sie ein Kind haben. Kannst du mehr dazu sagen? Wir leben ja oft in einem Traum, dass es genauso weitergeht. Denn ich habe ja die Frau geheiratet wegen der Frau oder den Mann genommen wegen dem Mann. Mit einem solchen Satz bringst du uns auf den harten Boden der Erde zurück.«

Hellinger: »Die Geburt des ersten Kindes wird als Höhepunkt der Beziehung erlebt. Das ist die Hoch-Zeit, die eigentliche Hoch-Zeit. Danach wird es schwer und vieles anders. Aber dieses Hochgefühl trägt darüber hinweg und gibt die Kraft, sich den Kindern zu widmen mit allem, was es fordert. Danach wird diese Höhe nicht mehr erreicht. Es kommt anderes hinzu, es wird alles vielfältiger. Das Paar orientiert sich vielleicht mehr nach außen. So sehe ich das.«[96]

»Herr Doktor, können Sie meine Schlaflosigkeit kurieren?«

»Sicherlich – zuerst müssen wir jedoch die Wurzel des Übels beseitigen.«

Nachdenklich nickt der verhärmte Patient: »Leicht wird das nicht sein, Herr Doktor, meine Frau hängt so an dem Baby.«

Und noch eine Geschichte, die die Liebe der Eltern zu ihren Kindern zeigt:

Ein sehr altes Paar erscheint beim Rechtsanwalt und erklärt: »Wir wollen uns scheiden lassen.«

Der Anwalt meint: »In Ihrem Alter? Finden Sie nicht, dass das ungewöhnlich ist?«

Das Ehepaar: »Wir haben uns nie leiden können, wir wollten nur warten, bis die Kinder tot sind.«[97]

Weiterführende Lektüre

Ulsamer, Gabriele, und Bertold Ulsamer, *Spielregeln des Familienlebens. Anregungen nach dem Ansatz von Bert Hellinger*, Herder, Freiburg 2000. Ein Buch für Eltern.

Kapitel 7

Erwach(s)en in der Liebe

Mancher rennt dem Glück hinterher, weil er nicht merkt, dass das Glück hinter ihm her ist, ihn aber nicht erreicht, weil er so rennt.[98]

Bert Hellinger

Viel von dem, was es heißt, erwachsen zu werden und in der Liebe zu erwachen, ist schon in den vergangenen Kapiteln aufgetaucht. Ich will noch einmal einige wichtige Punkte hervorheben.

Verantwortung übernehmen

Wer ist Opfer? Wer ist Täter? Wer ist schuld? Das scheint eine der wichtigsten Fragen zu sein, wenn es um gegenseitige Verletzungen geht. Das zeigt sich in Konflikten und vor allem bei Trennungen. Es ist so, als ob die Vorstellung »Wenn ich unglücklich bin, ist der andere schuld« tröstet:

Der Klient lebt in einer unglücklichen Ehe. Er kommt sich vor als gutmütiger »Trottel«, den seine Frau nach Strich und Faden ausnimmt, hintergeht und als Schwächling verhöhnt, aber er kann sich nicht von ihr lösen.

In der Aufstellung stehen sich Mann und Frau gegenüber. Beide schauen sich nicht an. Der Mann wirkt leidend, und die Frau ist sehr ärgerlich.

Ich bringe die Realität ins Spiel und gebe ihm den Satz: »Ich möchte mich von dir trennen, aber ich schaffe es nicht.«

Der Mann wird noch kleiner, die Frau wird noch ärgerlicher, und sie sagt: »Ich könnte dir an die Gurgel gehen.«

Ich lasse ihn sagen: »Ich bin dein Opfer.«

Sie wird noch wütender, dann kippt es plötzlich, und sie fühlt sich hilflos. Mit einem Mal ändert sich die Stimmung beim Mann. Es ist, als ob ein heimlicher Triumph kommt. Ich lasse ihn sagen: »Ich entziehe mich dir, und heimlich genieße ich deine Hilflosigkeit.« Das stimmt. Jetzt kann er fortsetzen: »Ich bin nicht nur Opfer, sondern ich spiele mit.« Plötzlich schaut er interessierter zur Frau, und auch sie schaut ihn jetzt neugierig an.

Was ist hier geschehen? Der Mann hat die Opferrolle verlassen. (In einer anderen Beziehung könnte genauso gut die Frau das Opfer spielen, zum Beispiel die leidende Frau eines Alkoholikers.) Wer nicht mehr Opfer ist, wird ebenbürtig – und interessant.

Manchmal tritt in einer Aufstellung spontan Mitgefühl mit einem Opfer auf. Da hat jemand ein solches Pech mit dem unangenehmen, üblen Partner! (Ich passe immer auf, wann ich Mitleid bekomme.) Ein Satz, den ich nun dem Opfer vorschlage, bringt das dann wieder in die Balance.

Das Opfer sagt: »Ich habe dich als Mann/Frau gewollt. Ich habe dich als Mann/Frau bekommen. Ich übernehme die Verantwortung für meine Wahl, und ich trage die Folgen.« Dieser Satz richtet denjenigen auf, der ihn sagt. Plötzlich wandelt sich das Opfer zu einem Menschen, der handelt und gehandelt hat.

Und wenn jemand die Verantwortung nicht übernehmen will? In hartnäckigen Fällen hilft manchmal der Satz: »Ich übernehme meine Verantwortung, mich als Opfer zu fühlen. Ich mache es wie die vor mir.«

Ein lösender Satz für beide ist, ganz gleich, wie schlimm auch die Beziehung war: »Etwas passt zwischen uns.« Das erleichtert beide. Dann können das Verbindende und die Zuneigung erlaubt werden. Jetzt darf sich die Liebe zeigen.

Wie kommt es, dass die Opferrolle so attraktiv scheint? Zum einen hat auch das vielfach mit den Verbindungen zu den Eltern und Vorfahren zu tun. Der Klient, dessen Frau ihn ausnutzt, hat nicht zufällig – aus Pech – diese Frau genommen, sondern weil sie zu seiner Familie passt. Und er wird wahrscheinlich eine Rolle einnehmen, die der seines Vaters ähnlich ist. Er macht es wie die vor ihm.

Eine Teilnehmerin hat sich vor kurzem von ihrem Mann, mit dem sie fünf Jahre lang verheiratet war, getrennt. Sie leidet sehr darunter, weil sie das Gefühl hat, sie hätte sich nicht wirklich auf ihn einlassen können und sei an der Trennung schuld.

Sie sagt zu ihm: »Du warst nicht der Richtige, deshalb konnte ich nicht mehr. Deshalb habe ich mich ge-

trennt.« Der Mann schüttelt den Kopf und sagt, dass sein Herz klopft.

Die Frau merkt, dass sie ihn nicht klar sieht und sich etwas verwischt. Deshalb stelle ich ihren Vater dazu. Der Mann wird ganz und gar uninteressant, sie schaut nur noch zum Vater. »Dich suche ich.« Dann sagt sie zum Mann: »Du hattest keine Chance. Es hat nichts mit dir zu tun, nur mit mir. Ich habe dich nie richtig gesehen.« Dann spürt sie Traurigkeit über ihr Unvermögen und sagt: »Einen guten Willen hatte ich, aber ich konnte nicht.«

Der Mann wird sauer. Sofort richtet sich die Frau aus der eher leidenden Position auf und wird größer. Ich schlage ihr den Satz vor: »Ich bin nicht nur Opfer, sondern auch Täter.« Ihr wird es warm dabei.

Der Mann sagt ihr: »Das macht mich wütend. Ich fühle mich missbraucht, und das werfe ich dir vor.«

Die Frau findet, dass ihr guter Wille nicht gesehen wird, und der Mann regt sich noch mehr auf. Ich schlage ihr den Satz vor: »Oberflächlich habe ich einen guten Willen, und darunter gebrauche ich dich und bin zornig.« Der Vorschlag wird nicht ganz bejaht. Die Frau zögert, zornig fühlt sie sich nicht.

Jetzt reicht es dem Mann, und er will gehen, weil er genug hat. Die Frau richtet sich noch mehr auf: »Wenn jemand hier geht, bin ich das. Ich lasse dich nicht gehen. Ich habe es dir gezeigt!«

Wieder fällt die Frau ein Stück zurück und bekommt das Gefühl, Opfer zu sein. Ich stelle jetzt ihre Mutter dazu, die ein trauriges Gesicht macht. Dann sagt die Tochter zur Mutter: »Ich fühle mich als Opfer wie du.

Und darunter ist ein Riesenzorn. Und den Männern zeige ich es.« Die Mutter richtet sich auf und strahlt. Auch die Tochter lacht sie jetzt an und will sich an ihre Seite stellen.

Zwei Gesichtspunkte halte ich bei dieser Aufstellung für lehrreich. Zum einen zeigt sich die starke Verbindung des Kindes mit der Mutter – und wie die Gefühle der Mutter weitergetragen werden. Und dabei gibt es eine große Liebe von der Tochter zur Mutter.

Zum anderen zeigt sich: Wer sich in einer Beziehung als Opfer fühlt, blendet einen Teil der Wirklichkeit aus. Da gibt es einen Teil, der sich zum Opfer machen will. Und darunter ist ein großer Zorn, eine Täterenergie. Mit dem Opfersein zahle ich es auf meine Art dem anderen heim, indem ich ihm nicht begegne, sondern mich ihm entziehe. Erst wenn der Zorn zugelassen wird, können sich beide auf einer gleichen, ebenbürtigen Ebene begegnen.

Opfer können aggressiv sein, ohne es vor sich und dem Gegenüber zugeben zu müssen. Das macht sie moralisch überlegen, weil sie unschuldig zu sein scheinen. In uns allen gibt es ein tiefes Bedürfnis, unschuldig zu sein. Es ist ein inniger kindlicher Wunsch, der daraus entsteht: Wer unschuldig ist, darf dazugehören. Er darf sich als Kind geborgen fühlen, denn Kinder sind unschuldig. Als Erwachsener stehen wir allein. Wir suchen also viel lieber die Schuld beim anderen als bei uns selbst, um klein bleiben zu können. Die Splitter im Auge der anderen sind leichter anzunehmen als der Balken bei sich selbst.

Erwachsen werden heißt, die eigene Schuld zu entdecken und anzunehmen. Die tiefste Ursache für Schuld ist das Mitgefühl. Wir tun dem anderen weh und fühlen mit. Dann schmerzt es uns auch. Um das zu vermeiden, lehnen wir die Verantwortung ab für das, was wir getan haben.

Als Erwachsene werden wir anderen immer wieder wehtun. Denn wir sind fehlerhaft und verletzen sie. Niemand wird länger in einer Partnerschaft leben können, ohne den anderen zu verletzen – sosehr er sich auch Mühe gibt.

Immer wieder gibt es Entscheidungen, die nicht ohne Schuld zu treffen sind. Da lebt eine Frau seit Jahren in einer guten, aber nicht besonders aufregenden Ehe. Sie verliebt sich neu und hat das Gefühl, mit dem andern Mann zu neuen Ufern aufbrechen zu wollen. Wie immer sie sich entscheidet, sie lädt Schuld auf sich, weil sie einen der Männer verletzt.

Wir wollen uns aber nicht schuldig fühlen, weil es uns schmerzt und wir die Geborgenheit unserer kindlichen Unschuld verlieren. Deswegen schotten wir uns entweder ab, wollen nichts wahrhaben oder geben dem anderen die Schuld.

Erwachsen wird jemand, der dem Partner bei einer Trennung sagt: »Ich nehme meinen Teil der Verantwortung und lasse dir deinen.« Damit ist klar, dass keiner die ganze Schuld trägt. Beide sind Erwachsene und haben ihren Teil der Verantwortung. Das bringt die Betreffenden auf den Boden und in Kontakt mit ihrer Kraft.

Vor einigen Jahren leitete ich das erste Mal eine

Gruppe, in der nur Japaner und Taiwanesen teilnahmen. Es gab einen großen Unterschied zu Aufstellungen in Deutschland. Alle Eltern standen weit voneinander weg und schauten sich nicht an. Wenn sie sich umdrehten, waren sie frustriert. Es war keine Liebe zu spüren. Viele Ehen waren arrangiert oder, wie eine Mutter sagte: »Ich war schon 29, und da habe ich einen Mann gebraucht und dich genommen.«

Es war zunächst schwierig für mich, damit umzugehen. Schließlich fand ich einen Lösungssatz. Der Mann sagte zur Frau und die Frau zum Mann: »Ich frustriere dich, und du frustrierst mich. Wir sitzen im gleichen Boot.« Damit kam immer noch keine Liebe, aber zumindest etwas Freundlichkeit und eine gewisse Kameradschaft. Inzwischen verwende ich diesen oder ähnliche Sätze auch ab und zu in Deutschland. Wenn jemand gerade sehr in einer Beziehung leidet, könnten sie ihm (ihr) helfen.

Einer trage des anderen Last?

Entgegen unseren landläufigen Vorstellungen ist für ein Paar nur in wenigen Ausnahmen der Satz »Wir tragen es gemeinsam« stimmig und richtig. Das ist dann der Fall, wenn es in ihrem Leben zu gemeinsamem Schlimmem gekommen ist, zum Beispiel wenn ein Kind stirbt oder wenn sie ein Kind abgetrieben haben. Dann stehen beide nebeneinander, können sich an der Hand halten, und »Wir tragen es gemeinsam« verbindet das Paar.

Darüber hinaus trägt auch bei einem Paar jeder sein eigenes Schicksal, selbst wenn beide als Mann und Frau miteinander verbunden sind.

Die Klientin hat einen jüdischen Mann geheiratet, der beide Eltern und drei seiner Großeltern im Holocaust verloren hat. Den Mann zieht es weg zu seinen verstorbenen Angehörigen.

Ich schlage der Frau vor, dass sie das Schicksal des Mannes achtet und es ihm lässt. Sie will das nicht. Für sie richtig empfindet sie den Satz, den sie dann auch ausspricht: »Ich trage es mit dir gemeinsam.«

Ist das nicht eine ideale Beziehung? Immer wieder erlebe ich bei ähnlichen Aufstellungen, wie sich Rührung unter den Zuschauern ausbreitet. Die Aussage der Klientin in der Aufstellung entspricht unserem Gefühl von »großer Liebe«. Unsere romantische Seele wird angesprochen.

Es kostet Kraft, sich dem Banne solcher Aussagen zu entziehen und auf eine realistische Mann-Frau-Ebene zu kommen. Diese realistische Ebene sieht so aus, dass jeder sein Schicksal und das, was er als Lasten mit sich bringt, allein zu tragen hat. »Ich trage mit« ist der Beziehung zwischen Mann und Frau unangemessen. Stattdessen kommt die gute Lösung mit dem Satz: »Ich achte dich und das, was du trägst.«

Die Klientin ist eine junge Frau kurz vor der Hochzeit. Ihre Schwiegermutter ist immer so unzufrieden und unglücklich, und das belastet die Frau inzwischen.

In der Aufstellung stehen die Frau, ihr zukünftiger Mann und seine Eltern, ihre Schwiegereltern. Der Sohn ist ganz im Bann der Mutter und schaut nur zu ihr hin. Sie ist sehr belastet, und er trägt es mit ihr. Der Mutter gefällt es. Er schaut überhaupt nicht zu seiner zukünftigen Frau, aber die ist ganz sicher und selbstbewusst, dass er und sie zusammengehören.

(Ich denke mir: »Wie lange müsste die Situation so bleiben, dass sie anfängt, sich zu ärgern?«)

Inzwischen entsteht Kontakt zwischen Mutter und Vater. Zunächst lacht die Frau ihn aus. Als er zornig wird, entsteht Interesse. Schließlich schaut die Mutter wieder zu ihrem Sohn und ist nun voller Liebe. Sie sieht seine Last, schaut jetzt freundlich zu ihrer Schwiegertochter und sagt: »Geh zu ihm und hilf ihm dabei.« Der Sohn geht zur Frau, sie umarmen sich, und sie stützt ihn.

Einer trage des anderen Last? Es ist unmöglich. Auch wenn die Ehefrau sich noch so liebevoll bemüht, sie kann ihrem Mann nicht helfen. Aber es droht über kurz oder lang eine Gefahr in einer solchen Situation: Irgendwann wird die Frau ärgerlich, und es reicht ihr. Dann mag Verachtung aufkommen für den Mann und sie ihn einen Schwächling schimpfen. Achtung ist erforderlich. Denn nur die Achtung trennt auf gute Art.

Durch Aufstellungen gewinnen wir einen neuen Zugang zu dem, was Achtung bedeutet. »Liebe« ist etwas anderes als Achtung. Manchmal, besonders zu Beginn einer Beziehung wie hier, bedeutet Liebe so etwas wie Einheit. Ein Paar empfindet sich zusammengehörig, ist ganz und gar auf sich bezogen.

Achtung dagegen trennt ein Stück weit. Jeder steht dadurch mehr für sich allein, wenn auch Seite an Seite mit seinem Partner. In einer Aufstellung stehen Mann und Frau voreinander. Beide verneigen sich voreinander. Dann sagt der Mann zur Frau: »Ich achte dich.« Manchmal fügt er hinzu: »Ich bin nur dein Mann.« Und die Frau sagt: »Ich achte dich. Ich bin nur deine Frau.«

Nur? Ist das nicht eine Herabwürdigung? Nein. In Aufstellungen erleben wir, dass dieser Satz erleichtert. Manchmal werden die Sätze auch erweitert, dann ist es deutlicher. Dann sagt der Mann: »Ich bin nur dein Mann. Ich bin nicht dein Vater und nicht dein Kind.« Und die Frau sagt: »Ich bin nur deine Frau. Ich bin nicht deine Mutter und nicht dein Kind.«

Was geschieht dann mit der jungen Frau? Sie gibt die fürsorgliche Mutterrolle, in der sie die Starke ist, auf. Plötzlich ist sie mehr mit der eigenen Schwäche und Bedürftigkeit konfrontiert. Das ist nicht angenehm. Leichter ist es, auf den Partner zu schauen. Aber es ist ein wichtiger Schritt, auf dem Weg wach zu werden.

In den letzten Jahren ist Hellinger noch einen Schritt weiter gegangen, der die Achtung zwischen Mann und Frau in den größeren Zusammenhang des Lebens stellt. Diese Haltung verkörpert sich in dem Satz, den ein Partner zum anderen sagen kann: »Ich achte dich und das, was dich und mich führt.« Mit diesem Satz löst sich jemand von den Ansprüchen, Erwartungen und auch Schuldzuweisungen gegenüber dem Partner und der Partnerin.

Als Paar zueinander kommen

Wenn Mann und Frau ihre Eigenständigkeit entdecken, wenn jeder weiß, was er will, dann können sie klar getrennt und doch verbunden nebeneinander stehen.

Bei allen Unterschieden – Mann und Frau sind auch viel ähnlicher, als sie einander zugeben wollen. Denn Partner, die sich anziehend finden, haben oft ähnliche Familiengeschichten, ähnliche Entwicklungsprobleme und mit den gleichen Gefühlen Schwierigkeiten. Diese »schwierigen« Gefühle halten sie hinter einer Jalousie versteckt. Im Schaufenster vorn zeigen sie die erlaubten Gefühle, und da passen sie perfekt zusammen. Die versteckten ahnen sie mit einer gewissen Faszination und finden diese Ahnung erregend und reizvoll. »Wenn wir uns angezogen fühlen von diesen versteckten Gefühlen, hoffen wir eigentlich, einen Teil von uns selbst wieder zu finden.« Diese Jalousie vor dem Versteckten kann im Zusammenleben nun nicht immer alles verdecken, und der Partner scheint immer weniger der zu sein, den wir geheiratet haben. Dabei haben aber beide den gleichen blinden Fleck.

»Das erstaunliche Paradox ist ja gerade, dass du am besten zusammen mit diesem Partner wachsen kannst – aber ebenso ist gerade er es, mit dem du dich endgültig festfahren kannst. Ja, du könntest ihn am Ende sogar am meisten hassen.«[99]

Wie schwierig es ist, sich auf denjenigen einzulassen, der uns ähnlich ist, zeigt die nächste Aufstellung.

Die Klientin sucht einen Partner. Aus irgendwelchen Gründen findet sie nie den richtigen.

In der Aufstellung stehen die Frau und ein potenzieller Partner. Beide stehen weit entfernt, schauen sich aber gegenseitig an. Der Frau wird etwas heiß. Plötzlich geht sie schnell ein paar Schritte auf den Mann zu. Der Mann weicht zurück.

Ich unterbreche die Aufstellung und frage die Klientin, ob sie damit bisher etwas anfangen kann. Sie meint, ja, denn genauso sei es. Wenn sie sich einmal wirklich für einen Mann interessiere, ziehe der sich schnell zurück. Sie frage sich manchmal, ob sie so abschreckend sei oder ob die Männer alle Schlappschwänze wären.

Ich setze die Aufstellung fort, hole die Frau wieder in den Ausgangsabstand und frage, wie es ihr geht. Sie findet den Mann attraktiv. Auch der Mann findet sie – aus diesem Abstand – interessant. Ich schlage ihr jetzt vor, einen Schritt auf den Mann zuzugehen und dann stehen zu bleiben. Sie soll dem Mann sagen: »Ich bin jetzt einen Schritt auf dich zugegangen. Bitte komm du auch einen näher.« Der Mann freut sich und geht vorsichtig einen Schritt weiter. Jetzt ist sie wieder an der Reihe, näher zu kommen, und dann wieder er.

Als ich sie erneut auffordere, meint sie, nun werde es ihr selbst zu viel. Ich schlage vor, zum Mann zu sagen: »Ich habe etwas Angst.«

Ich frage den Mann, und er sagt ihr das Gleiche:

»Ich habe etwas Angst.« Das ermutigt beide, noch einen kleinen Schritt aufeinander zuzugehen. An dieser Stelle lasse ich es.

Verliebtheit kann schnell gehen. Liebe, Vertrauen und Intimität brauchen Zeit. Männer und Frauen sind in vielem ähnlicher, als sie wissen. Beide haben ähnlich viel Angst, sich näher zu kommen. Um die eigene Angst nicht zu spüren, gibt es einen Trick: Ich mache dem anderen Angst. Ich spiele den Mutigen und gehe sehr schnell auf den anderen zu. Wenn ich zu schnell auf jemanden losgehe, bekommt der natürlicherweise Angst. Dann reißt er aus, und ich kann mich überlegen fühlen. Viel schwieriger ist die vorsichtige, behutsame Annäherung. Sie erfordert immer wieder Pausen. Und man wartet, dass auch das Gegenüber wieder einen nächsten Schritt tut – zur gemeinsamen Annäherung.

Mann und Frau sind unterschiedlich und werden sich daher immer zum Teil auch fremd bleiben. Das erzeugt die Faszination, aber gleichzeitig auch ein Stück Angst. Wer Angst hat, kann leicht, um sich zu schützen, aggressiv werden. »Angriff ist die beste Verteidigung«, sagt schon das Sprichwort. Wenn beide zu ihrer Angst stehen, dann können sie eine ebenbürtige Verbindung aufnehmen. Ähnlichkeit verbindet. Wenn der Mann zur Frau oder die Frau zum Mann sagt: »Ich habe Angst, genauso wie du. Wir sind uns ähnlich«, dann können beide sich vorsichtig und angemessen nähern.

Eine Paaraufstellung. Beide stehen in einiger Entfernung, haben Interesse, fühlen sich aber blockiert. Ich lasse den Mann sagen: »Ich hätte dich gern als Frau an meiner Seite.« Er erlebt das als stimmig. Plötzlich ist eine große Energie in der Aufstellung.

Die Frau schaut interessiert und sagt, sie komme etwas ins Schwitzen. Sie möchte jetzt gern näher kommen.

Eine solche Offenheit hat eine große Kraft, und damit entwickelt jemand viel Anzichung.

Was es uns im Alltag oft schwer macht: Ein solcher Satz wird Konsequenzen haben, positive oder negative. Vor den negativen, der Ablehnung und Zurückweisung, haben wir Angst. Und vor den positiven auch.

Aber der Mut lohnt sich.

Zum Anregen

Übung: Stellen Sie sich innerlich Ihren Partner oder Ihre Parnerin vor und sagen Sie ihm oder ihr: »Ich achte dich und das, was dich und mich führt.«
Was verändert sich dadurch?

Hellinger: »Mit Schwierigkeiten geht man um wie Kinder mit tiefem Wasser. Sie lernen schwimmen.«[100]

Weiterführende Lektüre

Welter-Enderlin, Rosmarie, *Paare – Leidenschaft und lange Weile. Die Kunst des Lebens zu zweit*. Herder, Freiburg 2003. Ein praxisnahes und anregendes Buch.

Schlussakkord: Ist Frieden möglich?

In Frauenzimmer hängt man am besten Mannsbilder auf![101]

Carl Auer

Wenn eine Frau heiratet, hofft sie, dass ihr Mann sich verändert – und er tut es nicht.
Wenn ein Mann heiratet, hofft er, dass seine Frau bleibt, wie sie ist – und sie tut es nicht.[102]

Klaus Mücke

Und zum Abschluss noch vier Texte über Liebe und Beziehung:

Der Mensch ist nicht allein. Die Natur kann Hoffnung machen. Konrad Lorenz schreibt davon:

»Bei kaum einem anderen Lebewesen... findet die Zärtlichkeit ehelicher Liebe einen so verständlichen und rührenden Ausdruck wie gerade bei der Dohle. Und das Schönste: Diese Zärtlichkeit nimmt in den vielen Jahren treuer Ehe nicht ab, sondern zu! Dohlen sind nämlich langlebige Vögel; sie werden wohl nicht weniger alt als Menschen. Und da Dohlen, wie gesagt, sich im ersten Lebensjahr verloben und im zweiten schon heiraten, dauert ihr Bund lange, vielleicht länger als der verheirateter Menschen. Und auch nach vielen Jahren füttert das Männchen sein Weibchen genauso zärtlich, findet das Weibchen noch dieselben leisen, vor innerer Erregung zitternden Töne der Liebe wie im ersten Frühling, der hier auch der erste des Lebens war.«[103]

Wie wird Liebe möglich? Der Dichter Rumi verrät etwas von diesem Geheimnis.

»Du fragst nach dem Gewinn –
Lauf vor deinen Kunden nicht davon
Du fragst nach dem Monde –
Lauf vor der Nacht nicht davon.
Du fragst nach einer Rose –
Lauf vor den Dornen nicht davon.
Du fragst nach dem Geliebten –
Lauf vor dir selbst nicht davon.«[104]

In einem Interview spricht Bert Hellinger darüber, wie lange Partnerschaften sich weiter entwickeln können und welchen Zusammenhang das mit dem Sterben hat.

Hohnen: »Gibt es noch eine weitere Vollendung in der Paarbeziehung?«

Hellinger: »Ja. Sterben. Ich hatte vor kurzem ein bewegendes Erlebnis. In einer Gruppe war ein altes Ehepaar, beide über siebzig. Er hatte Krebs mit Metastasen. Sie wollten beide mit mir arbeiten. Ich habe ihnen gesagt, eure Beziehung steht vor der Vollendung. Ihr seht das Ende eurer Beziehung kommen, die Stunde des Abschieds. Dann habe ich die Frau dem Mann sagen lassen: ›Ich bleibe bei dir, solange ich darf und solange es dauert.‹ Sie hat sehr geweint dabei. Dann habe ich auch den Mann ihr sagen lassen: ›Ich bleibe bei dir, solange ich darf.‹ In dieser Liebe im Angesicht des Abschieds war etwas tief Bewegendes – das lässt sich nicht mit anderem vergleichen. So wie das Leben vollendet ist mit dem Tod, so auch die Paarbeziehung. Sie bekommt im Angesicht des Abschieds einen besonderen Glanz, eine besondere Schönheit.«

Hohnen: »Eine Paarbeziehung gelingt, wenn man auf das Ende schaut?«

Hellinger: »Man schaut auf das Ende, wenn es nahe ist. Nicht vorher.«

Hohnen: »Ich bin manchmal verwundert, wenn ich von dir den Satz höre, eine Paarbeziehung ist ein Sterbeprozess. Und die Leute sind nicht sechzig oder siebzig und haben Krebs.«

Hellinger: »Es ist kein Sterbeprozess in dem Sinne, wie ich es gerade eben geschildert habe. Im Laufe der Beziehung wird immer mehr an ursprünglicher Hoffnung aufgegeben, aber die Beziehung gewinnt dadurch an Tiefe und Gelassenheit. Die Beziehung wird nicht geringer, sie wird nur anders und dadurch vertieft. Jede Ehekrise ist ein Teil des Sterbens. Sie wird auch wie Sterben erlebt, wie etwas Schmerzliches, wie Abschied. Aber nachher ist die Beziehung schöner, sie ist tiefer, gelassener. Sie hat nicht mehr den Schwung des Anfangs, es ist etwas völlig anderes, das seine eigene Schönheit hat und sein eigenes Glück. Das ist dieser Sterbeprozess, der mit dem ganzen Leben in eins geht. Doch das Ende ist noch einmal etwas Eigenes. Wenn es nahe ist, dann schaut man aufs Sterben als solches, aber nicht vorher. Also Sterbeprozess soll nicht heißen, dass man dauernd auf das Ende schaut – es wäre schade drum.

Der Gewinn ist, dass man mit etwas Größerem verbunden wird. Die Fixierung auf den Partner oder die starke Ausrichtung auf den Partner lassen nach. Man wird mit Größerem verbunden.«[105]

Aber es gibt keinen Weg, der uns mit dem Altwerden automatisch zur Liebe und Verbundenheit führt.

Werfen wir zum Schluss auch auf andere realistische Möglichkeiten einen Blick und erfahren, was Jay Haley über die Möglichkeiten einer schrecklichen Ehe im Alter herausgefunden hat.

»Wie lässt sich das eheliche Elend aufrechterhalten, wenn die Kinder aus dem Haus sind und man zu alt fürs Fremdgehen ist? Junge Leute glauben meist nicht, dass eheliches Unglück bis ins hohe Alter gepflegt werden kann. Was für ein Irrtum! Jedes verheiratete Paar hat sich im Lauf der Jahre so an das Streiten gewöhnt, dass schon ein paar Zeichen genügen, um die bittersten Gefühle hervorzurufen.

Beobachten wir beispielsweise ein junges Paar zu Beginn seiner Ehe beim Einkaufen. Der Ehemann nimmt etwas aus dem Regal heraus und sagt: ›Das wäre nett. Ich hab in Test gelesen, dass das das Beste ist.‹

Die Ehefrau erwidert: ›Ich glaube nicht, dass das gut ist; lassen wir das lieber und verschwenden unser Geld nicht an Dinge, über die du in dieser dummen Zeitschrift gelesen hast.‹

Der Ehemann sagt: ›Das ist keine dumme Zeitschrift, und ich will das haben, und du wirst das nicht verhindern, und im Übrigen bin ich derjenige, der das meiste Geld nach Hause bringt.‹

Die Ehefrau erwidert: ›Ich bin sicher, du denkst, du weißt alles am besten, und ich will einen Besen fressen, wenn ich dieses Ding nicht schon zu Hause habe, also gib es mir, ich leg es wieder zurück.‹

Dieser komplexe Austausch verändert sich im Laufe von 42 Ehejahren spürbar. Der Ehemann sagt: ›Das?‹, und hält das ›Ding‹ hoch. Die Frau erwidert: ›Nein!‹ Der Mann sagt: ›Doch!‹ Die Frau nimmt es ihm aus der Hand und legt es ins Regal zurück. Diese wenigen Worte genügen, um all die schlechten Gefühle, mit denen die langen Streitereien in der Jugend normalerweise verbunden waren, wieder lebendig werden zu lassen. Hat ein Paar den gleichen Streit nur oft genug durchgestanden, läuft er irgendwann wie von selbst ab. Viele ältere Paare sitzen nebeneinander in den Rollstühlen, und wenn sie nicht mehr die Kraft haben, sich zu schlagen, reicht ein Codewort, und all die früheren schlimmen Gefühle sind wieder da, ohne dass sie sich eigens streiten müssten. Das Alter ist also keine Strafe, sondern eine Zeit, in der man durchaus eine schreckliche Ehe führen kann, selbst wenn die Kraft nur noch zu minimalen Bewegungen ausreicht.«[106]

Dank

Dieses Buch ist so nur durch die Einsichten von Bert Hellinger und durch die in dieser Form von ihm entwickelten Familienaufstellungen möglich geworden. Aber auch darüber hinaus haben diese Entdeckungen mein Leben erweitert und bereichert. Ohne die Knoten, die ich in Familienaufstellungen gelöst habe, wäre die Partnerschaft zu meiner Frau Gabriele nie möglich. Bert Hellinger gilt mein ganz besonderer Dank.

Wenn ich über die Partnerschaft schreibe, bilden die eigene Partnerschaft und die eigenen Erfahrungen einen ständigen Hintergrund. Die guten und die herausfordernden Erfahrungen, die ich meiner Frau Gabriele verdanke, sind Bereicherung und Anstoß. Darüber hinaus waren die Gespräche mit ihr eine wichtige Inspiration für viele hier in diesem Buch dargelegten Einsichten. (Aber natürlich übernehme ich voll und ganz die Verantwortung für eventuelle einseitige Verzerrungen durch meinen männlichen Blick.)

Mein Dank geht auch an Frau und Herrn Mesenholl, in deren Berggasthaus »Präger Böden« ich für die entscheidenden Formulierungen Ruhe, Entspannung und den weiten Blick in den Schwarzwald finden konnte.

Literatur

Amendt, Gerhard, »Die Rache der Muttersöhne. Warum aus Mamas Liebling auch wieder nur ein ganz normaler Mann wird: ein Brotverdiener – und ein Frauenfeind«, in: *SPIEGELreporter*, 5/2000

–, *Vatersehnsucht. Annäherung in elf Essays*, Universität Bremen 1999

–, *Wie Mütter ihre Söhne sehen*, Fischer, Frankfurt 1994

Bierce, Ambrose, *Die Gesammelten Geschichten und Des Teufels Wörterbuch*, Haffmanns, Zürich 2000

Brink, Otto, *Spielregeln der Partnerschaft. Systemische Lösungen nach Bert Hellinger*, Herder, Freiburg 2001

Clement, Ulrich, »Offene Rechnungen – Ausgleichsrituale in Paarbeziehungen«, in: Welter-Enderlin, Rosmarie, und Bruno Hildenbrand, *Rituale – Vielfalt in Alltag und Therapie*, Carl-Auer-Systeme, Heidelberg 2002

Eschbach, Andreas, *Exponentialdrift*, Bastei Lübbe, Bergisch Gladbach 2003

Frank-Planitz, Ulrich, *Manfred Rommels gesammelte Gedichte*, Engelhorn, Stuttgart 1993
Goleman, Daniel, *Emotionale Intelligenz*, Carl Hanser, München/Wien 1996
Graffiti aus: Heyne Jubiläumsband: *Das Buch der Sprüche & Graffiti – echt stark*, München 1989
Gulotta, Guglielmo, *Gemeinsam in die Falle gehen. Vom Beziehungsdrama zum Happy-End*, Carl-Auer-Systeme, Heidelberg 2003
Haley, Jay, *Die Jesus-Strategie. Die Macht der Ohnmächtigen*, Carl-Auer-Systeme, Heidelberg 2002
Hellinger, Bert, *Verdichtetes: Sinnsprüche, kleine Geschichten, Sätze der Kraft*, Carl-Auer-Systeme, Heidelberg 1995
–, *Die Mitte fühlt sich leicht an. Vorträge und Geschichten*, Kösel, München 1996
–, *Wir gehen nach vorne. Ein Kurs für Paare in Krisen*, Carl-Auer-Systeme, Heidelberg 2000
–, *Mit der Seele gehen. Gespräche mit Bert Hellinger*, Herder, Freiburg 2001a
–, *Entlassen werden wir vollendet. Späte Texte*, Kösel, München 2001b
–, *Liebe auf den zweiten Blick. Lösungen für Paare*, Herder, Freiburg 2002
–, *Zweierlei Glück. Konzept und Praxis der systemischen Psychotherapie*, hg. von Gunthard Weber, Goldmann, München 2002 (Taschenbuchausgabe der Carl-Auer-Ausgabe von *Zweierlei Glück*, G. Weber 1992)
–, *Liebe und Schicksal. Was Paare aneinander wachsen lässt*, Kösel, München 2003

Hellinger, Bert, und Gabriele ten Hövel, *Anerkennen, was ist. Gespräche über Verstrickung und Lösung*, Kösel, München 1996

Hoffmann, Arne, *Sind Frauen bessere Menschen? Plädoyer für einen selbstbewussten Mann*, Schwarzkopf & Schwarzkopf, Berlin o. J.

Höfner, Eleonore, *Das bewegte Paar. Ein Survival-Guide im Beziehungsdschungel*, Rowohlt, Reinbek 2001

Hoppe, Ralf, »Die Kinder von der Samenbank«, in: *Der Spiegel*, 31/2002

Jellouschek, Hans, *Wie Partnerschaft gelingt – Spielregeln der Liebe. Beziehungskrisen sind Entwicklungschancen*, Herder, Freiburg 2001

Kinderzitate aus: Kroppach, Dieter, *Wenn ich mal heirate, dann höchstens meine spätere Frau! Kinderzitate über Liebe, Hochzeit, Ehe*, Eichborn, Frankfurt 2003

Kraus, Karl, *In zweifelhaften Fällen entscheide man sich für das Richtige*, Insel, Frankfurt 1996

Krull, Marianne, Interview in *Der Spiegel*, 51/2001

Kuchlik, Christopher, »Dolor y esperanza – der Schmerz und die Hoffnung«, in: *GEO* 8/2001

Lazarus, Arnold, *Fallstricke der Liebe. Vierundzwanzig Irrtümer über das Leben zu zweit*, Klett-Cotta, Stuttgart 1997, bzw. dtv, München 2000

Lorenz, Konrad, *Hier bin ich – wo bist du? Ethologie der Graugans*, Piper, München 1991

–, *Er redete mit dem Vieh, den Vögeln und den Fischen*, dtv, München, 41. Aufl. 2000

Luczak, Hania, »Familien-Bande. Die Macht einer intimen Gemeinschaft«, in: *GEO*, 3/2000

Moeller, Michael Lukas, *Die Liebe beginnt zu zweit. Paare im Gespräch*, Rowohlt, Reinbek 1992
–, *Wie die Liebe anfängt. Die ersten drei Minuten*, Rowohlt, Reinbek 2002
Mücke, Klaus, *Probleme sind Lösungen: systemische Beratung und Psychotherapie – ein pragmatischer Ansatz; Lehr- und Lernbuch*, Ökosysteme-Verlag, Potsdam, 2. überarb. Aufl. 2001
Neuhauser, Johannes (Hg.), *Wie Liebe gelingt. Die Paartherapie Bert Hellingers*, Carl-Auer-Systeme, Heidelberg 1999
Rumi, *Das Lied der Liebe*, Heyne, München 1996
Schmidbauer, Wolfgang, »Ausnahmezustand der Seele«, in: *Der Spiegel*, 29/2001
Schwarzer, Alice, *Der große Unterschied. Gegen die Spaltung von Menschen in Männer und Frauen*, Kiepenheuer & Witsch, Köln 2000
Shay, Jonathan, *Achilles in Vietnam. Combat Trauma and The Undoing of Character*, Touchstone, New York 1994
Skynner, Robin, und John Cleese, ... *Familie sein dagegen sehr*, Junfermann, Paderborn 1988
Szabo, Eva, Aman Peter Schröter und Gabriele ten Hövel, *Verführung zur Ekstase. Tantrische Gespräche über Liebe, Leib und Lust*, Hans-Nietsch-Verlag, Freiburg 2000
Trenkle, Bernhard, *Das Ha-Handbuch der Psychotherapie. Witze – ganz im Ernst*, Carl-Auer-Systeme, Heidelberg 1994
–, *Das zweite Ha-Handbuch der Witze zu Hypnose und Psychotherapie*, Carl-Auer-Systeme, Heidelberg 2000

Ulsamer, Bertold, *Ohne Wurzeln keine Flügel. Die systemische Therapie von Bert Hellinger*, Goldmann, München 1999

–, *Das Handwerk des Familien-Stellens*, Goldmann, München 2001

Ulsamer, Gabriele, und Bertold Ulsamer, *Spielregeln des Familienlebens. Anregungen nach dem Ansatz von Bert Hellinger*, Herder, Freiburg 2000

Ulsamer, Bertold, und Martin Hell, *Wie hilft Familien-Stellen?* Vier-Türme, Münsterschwarzach 2002

Voelchert, Mathias, *Trennung in Liebe, Partnerschaft in Liebe*, Mathias Voelchert, München o. J.

Weber, Gunthard (Hg.), *Zweierlei Glück. Die systemische Psychotherapie Bert Hellingers*, Carl-Auer-Systeme, Heidelberg 1994

Weber, Gunthard, *Praxis des Familien-Stellens. Beiträge zu Systemischen Lösungen nach Bert Hellinger*, Carl-Auer-Systeme, Heidelberg 1998

Welter-Enderlin, Rosmarie, *Paare – Leidenschaft und lange Weile. Die Kunst des Lebens zu zweit*, Herder, Freiburg 2003

Willi, Jürg, *Die Zweierbeziehung. Spannungsursachen, Störungsmuster, Klärungsprozesse, Lösungsmodelle*, Rowohlt, Reinbek 1990

–, *Psychologie der Liebe. Persönliche Entwicklung durch Partnerbeziehungen*, Klett-Cotta, Stuttgart 2002

Wolinsky, Stephen, *Eins werden oder sich begegnen? Quantenpsychologie für die Paarbeziehung*, VAK, Kirchzarten bei Freiburg 2001

Anmerkungen

1 Hellinger 1995, S. 22.
2 Welter-Enderlin, S. 8.
3 Bei der Beschreibung von Aufstellungen sind immer die Stellvertreter gemeint!
4 Hellinger 2001a, S. 84.
5 Hellinger 1995, S. 34.
6 Erstmalig abgedruckt in Ulsamer 1999, S. 96ff.
7 Skynner/Cleese, S. 13.
8 Moeller 2002, S. 10.
9 Skynner/Cleese, S. 13ff.
10 Ebd., S. 15.
11 Ebd., S. 19.
12 Willi 2002.
13 Willi 1990, S. 210.
14 Luczak.
15 Hellinger 1995, S. 59.
16 Krull.
17 Luczak.
18 Neuhauser, S. 25f.

19 In: Haley, S. 51.
20 Nach Mücke, S. 370.
21 Hellinger 1995, S. 20.
22 Hellinger 2003, S. 11 d.
23 Amendt 2000.
24 Weber 1994, S. 223.
25 Wolinsky, S. 73 f.
26 Gulotta, S. 79.
27 Ebd., S. 13 f.
28 Zitiert nach Lazarus, S. 172.
29 Jellouschek, S. 47 f.
30 Shay.
31 Goleman, S. 178 ff.
32 Ebd., S. 181.
33 Ebd., S. 182.
34 Gulotta, S. 116.
35 Frank-Planitz, S. 73 f.
36 Christiane Schmerl, »Auch Frauen sind zu allem fähig«, in: www.zeit.de/2001/46/Wissen/print_200146_aggressionen.html.
37 Ebd.
38 Welter-Enderlin, S. 11.
39 Hellinger 1995, S. 68.
40 Hellinger 2001a, S. 69 f.
41 Trenkle 2000, S. 69.
42 Trenkle 1999, S. 41.
43 Einer der beiden Lieblingswitze meiner Frau.
44 Trenkle 2000, S. 140.
45 Valerie Solanas, amerikanische Feministin (1936–1988, in: www.unmoralische.de/zitate3/aphorismen-mo.htm.

46 Trenkle 1999, S. 80.
47 *Mainpost* Würzburg, 30. 4. 2003, S. D8.
48 Neuhauser, S. 21.
49 Hellinger 1996, S. 161.
50 Hellinger 2001a, S. 61.
51 Frank-Planitz, S. 78.
52 Hellinger 2002, S. 22 f.
53 Neuhauser, S. 24.
54 Ebd.
55 Weber 1994, S. 28.
56 Ebd., S. 29.
57 Vgl. auch Clement.
58 Weber 1994, S. 26.
59 Neuhauser, S. 32.
60 Ebd., S. 230.
61 Gulotta, S. 15.
62 Hellinger 2003, S. 213.
63 Hellinger 2002, S. 172 f.
64 Neuhauser, S. 21 f.
65 *GEO*, 8/2001, Kuchlik.
66 Weber 1994, S. 32.
67 Eschbach, S. 114 f.
68 Hellinger 2002, S. 16.
69 Hellinger 2001a, S. 65.
70 Hellinger 1996, S. 152 f.
71 Willi 2002, S. 84.
72 Szabo/Schröter/ten Hövel, S. 130 f.
73 Ebd., S. 140.
74 Haley, S. 45 f.
75 Weber 1994, S. 131.
76 Neuhauser, S. 203.

77 Ebd., S. 257.
78 Gulotta, S. 60.
79 Lorenz 1991, S. 274f.
80 Hellinger 1996, S. 154.
81 Moeller, Michael Lukas, *Worte der Liebe. Erotische Zwiegespräche – Ein Elixier für Paare*, Rowohlt, Reinbek 1998.
82 Trenkle 2000, S. 52.
83 Neuhauser, S. 26.
84 Welter-Enderlin, S. 96f.
85 Ebd., S. 248.
86 Frank-Planitz, S. 106.
87 Welter-Enderlin, S. 103.
88 Hellinger 2001a, S. 60f.
89 Neuhauser, S. 173.
90 Schmidbauer, S. 77.
91 Weber 1994, S. 132f.
92 Neuhauser, S. 222 f.
93 Hoppe, Ralf, »Die Kinder von der Samenbank«, in: *Der Spiegel*, 31/2002.
94 Neuhauser, S. 277.
95 Welter-Enderlin, S. 124.
96 Hellinger 2001a, S. 66.
97 Frank-Planitz, S. 68.
98 Hellinger 1995, S. 30.
99 Skynner/Cleese, S. 38ff.
100 Hellinger 1995, S. 28.
101 Im Gespräch mit einer feministischen Familientherapeutin, Postkarte des Carl-Auer-Verlags zum Thema »Schöner Wohnen«, Heidelberg 1988.

102 Mücke, S. 386.
103 Lorenz 2000, S. 72.
104 Rumi, S. 125.
105 Hellinger 2001a.
106 Haley, S. 57.

Empfehlungen und Adressen

Informationen über Tagungen und Arbeitskreise:
Intern. AG Systemische Lösungen nach Bert Hellinger
Germaniastr. 12
80802 München
Tel. 089 38102710, Fax 089 38102712
E-Mail: network@hellinger.com

Das Sekretariat verschickt eine Adressenliste kompetenter Aufsteller im deutschsprachigen Raum (bitte Rückporto beilegen). Außerdem gibt die AG zweimal pro Jahr die Zeitschrift *Praxis der Systemaufstellung* heraus.

Seminare und Weiterbildungen durch den Verfasser:
Dr. Bertold Ulsamer
Runzstr. 48
79102 Freiburg
Tel. 0761 706418, Fax 0761 706456
E-Mail: bertold.ulsamer@t-online.de
www.ulsamer.com

Informationen im Internet über Aufstellungsseminare von Bert Hellinger im In- und Ausland, außerdem eine Liste sachkundiger Aufstellungen in Deutschland:

www.hellinger.com

www.iag-systemische-loesungen.de